知識ゼロからの家計管理入門

林總 Atsumu Hayashi

- 年間収支実績表でこれまでを振り返る
- 1年間の特別支出を予測する
- 預金とプール金を区別する
- 年間の収入予算を立てる
- 強制貯金額を決める
- 口座は2つで管理する
- 管理不能支出を削る
- 月初めにやること、締め日にやること
- 余ったお金をどうするか
- 予算は半年に一度、見直す

Family Budget Management

はじめに

「ムリしてでも子どもにはいい教育を受けさせたいし、個室も与えたい」
「毎日節約しているのに貯蓄は全然増えない……」
「ボーナスが減ったらローンが返せなくなる」
「こんな調子で老後は大丈夫かしら」

　なんとなくこのような不安を感じている人は多いのではないでしょうか。そして、不安は解消されないまま時間だけが過ぎていきます。

　まわりの人はどうでしょうか。うらやましいほどぜいたくな生活を送っている人、給料日になるとあわてて預金を引き出しに行く人、ムダ使いはしないもののケチケチもしない人。生活の仕方はさまざまです。

　派手な人は実は借金漬けであることも多いようです。また、給料日までに預金を使い切ってしまう人は、だいたいお金の管理がずさんです。そして、ムダ使いはしないもののケチケチもしない人は、余り多くはないようです。

　最初の2つに分類される人は、貯蓄はほとんどないため、長い人生で見ると大いに問題があります。まず、病気、勤め先の倒産など偶発的な事態に対応できません。子どもの進学、住居の購入など、人生の重要なイベントをあきらめざるを得なくなってしまいます。

　そして、子どもが巣立ち老後を迎えたとき、事態はより深刻になります。人生80年としても、65歳からの15年間を慢性的な「金欠病」に悩まされることになるからです。

　お金の悩みに煩わされない人生を送るための解決策は「家計簿」をつけることではありません。家計管理の考え方を理解し、実際に家計管理の仕組みをつくり、お金が貯まる生活を実践することです。こうして、ムダ使いもケチケチもしない生活に切り替えることです。

　もしかして「私にはムリ」と思っている方もいらっしゃるかもしれません。でもよく考えてみてください。浪費グセのついた生活は、私たちの体に置き換えれば、カロリー過多による生活習慣病と同じです。

　家計管理の考え方を理解して実践すれば、健全で快適な生活が待っています。では、どうすればいいのでしょうか。本書にそのノウハウをてんこ盛りにしました。ぜひ、トライしてみてください。

2015年11月
林　總

『知識ゼロからの家計管理入門』

はじめに ……………………………………………………………………… 1
【家計管理マンガ】それぞれの家庭の事情 ……………………………… 8

Chapter 1
基本編 「家計管理の考え方」 ……………… 13

【家計管理マンガ】いつから、どうやって貯金しよう？ ……………… 14
1-① 貯金は社会人としての「義務」 …………………………………… 16
【家計管理マンガ】計画的に使えていますか？ ………………………… 18
1-② 価値あるお金の使い方をしよう …………………………………… 20
【家計管理マンガ】家族の目標、自分の楽しみ ………………………… 22
1-③ 長期のライフプランを考える ……………………………………… 24
【家計管理マンガ】やりたいことはお互い、それぞれ ………………… 26
1-④ ムダなことと必要なことを分ける ………………………………… 28
【家計管理マンガ】そして再び、ふたりになる ………………………… 30
1-⑤ 子どもが独立したあとは…… ……………………………………… 32

もくじ

【家計管理マンガ】なんとかなる？ ならない？ ……………………………… 34
1-⑥ 家計を会社の会計になぞらえる ……………………………… 36
【家計管理マンガ】楽しいことにはお金が必要！ ……………………………… 38
1-⑦ あればあるだけ使っちゃう！ ……………………………… 40
【家計管理マンガ】譲れないこと、それぞれ ……………………………… 42
1-⑧ 夫婦揃って貯金が苦手 ……………………………… 44
【家計管理マンガ】お互いがいくらもらっているか、知らない ……………………………… 46
1-⑨ 世帯収入を把握する ……………………………… 48
【家計管理マンガ】目的があれば、がんばれる ……………………………… 50
1-⑩ ムリのない貯蓄計画を ……………………………… 52

＜コラム①＞家計管理の意義 ……………………………… 54

Chapter 2

How to編 「家計管理を始めよう」……… 55

【家計管理マンガ】実態が見えていない? ……… 56

2-① 問題をはっきりさせる ……… 58

【家計管理マンガ】月にどのくらい使えるのか? ……… 62

2-② 支出をスリム化させる考え方 ……… 64

【家計管理マンガ】予算計画が現実と合わない ……… 66

2-③ ライフスタイルは変化する ……… 68

2-④ 家計の現状を把握する ……… 70

2-⑤ 年間収支実績表でこれまでを振り返る ……… 72

【家計管理マンガ】「予算」がない…… ……… 74

2-⑥ 1年間の特別支出を予測する ……… 76

2-⑦ 預金とプール金を区別する ……… 78

【家計管理マンガ】家族が多いと支出が……!? ……… 80

2-⑧ 年間の収入予算を立てる ……… 82

【家計管理マンガ】楽観的なのはいいけれど…… ……… 84

2-⑨ 強制貯金額を決める ……… 86

【家計管理マンガ】収入が一定ではない ……… 88

2-⑩ 年間の支出予算を作成する（1） ……… 90

2-⑪ 年間の支出予算を作成する（2） ……… 92

＜コラム②＞家計管理の目的 ……… 94

Chapter 3

[応用編] 「家計管理、こんなときどうする？」……… 95

【家計管理マンガ】ちょこちょことしたムダ使い？ ……… 96
3-① 支出を減らすことを検討する ……… 98
【家計管理マンガ】クレジット払いは借金と同じ？ ……… 100
3-② 未来のお金を先に使っている!? ……… 102
【家計管理マンガ】このお金、どこから出すの？ ……… 104
3-③ 3つの原則を確認する ……… 106
【家計管理マンガ】行動と記録、一致している？ ……… 108
3-④ 表と現金は必ず対応させる ……… 110
【家計管理マンガ】誰がいくつ、もっているの？ ……… 112
3-⑤ 口座は2つで管理する ……… 114
【家計管理マンガ】どこにムダがひそんでいる？ ……… 116
3-⑥ 管理不能支出を削る ……… 118
【家計管理マンガ】さっそくチャレンジ!! ……… 120

| 3−⑦ | 管理手順をシミュレーションする | 122 |

【家計管理マンガ】家族全員、同じ意識で … 124

| 3−⑧ | 月初めにやること、締め日にやること | 126 |

【家計管理マンガ】残ったお金は使っていいの？ … 128

| 3−⑨ | 余ったお金をどうするか | 130 |

【家計管理マンガ】現実と予算が合わない … 132

| 3−⑩ | 予算は半年に一度、見直す | 134 |

【家計管理マンガ】年末は家族でお金の話をしよう … 136

| 3−⑪ | 年間予定表と実績のチェック | 138 |
| 3−⑫ | 来年度の予算を立てる | 140 |

＜コラム③＞家計管理のリスクヘッジ … 142

おわりに … 143

それぞれの家庭の事情

Chapter 1 基本編

「家計管理の考え方」

家計管理の基礎を解説します。家計を管理することにどのような目的や意味があるのかを考えながら、基本となる考え方をまず理解しましょう。

いつから、どうやって貯金しよう？

貯金は社会人としての「義務」

今すぐ始めよう!

少しずつでいいから、
今すぐ貯め始めること。
月5,000円でもかまいません。

今からでも遅くない! 一刻も早くスタート

　なぜ貯金が必要なのか —— それは「一生お金に振り回されないため」。年齢を重ねて65歳になったとき、生活保護を受けたいと思う人はいません。では「お金に振り回されない生活」とはどのようなものでしょうか。田舎で悠々自適な生活を楽しんでいる人もいれば、年間何千万円も稼いでいながら借金だらけの家庭もあります。収入が多いからといって、必ずしも家計が楽なわけではないのです。大切なのは、たとえば年齢を重ねて子どもたちが大人になり、ひとり立ちしたあと、自分たち夫婦は楽しく老後を暮らせるのかということ。そのためには、ある程度お金に余裕が必要です。貯金はいってみれば、社会人としての「義務」なのです。

　30歳くらいのときから月に1万円ずつ貯め始めたとします。夫婦で月に2万円で年間24万円。10年で240万円。その貯金が20年経つと、夫婦ふたりで480万円ほどになります。480万円あると、毎月3万弱を使っても10年間はもつ計算。そのぶん生活に余裕が生まれます。

　余裕ある生活とは、「なにかあったときの蓄えがある」ことで、実現させるためには少しだけ努力が必要です。それは、自然にお金が貯まる生活をすること。自分の意志が入る余地がない自動引き落としの積立貯金がおすすめです。

　ちなみに、銀行の総合口座は預金と貸付がセットになっています。これは銀行にとって都合がいいだけなので、貯金用としては使わないほうがいいでしょう。

なぜ貯金が必要なのか?

一生お金に振り回されないため

> 収入が多いからといって家計が楽なわけではない

> 夫婦で楽しく老後を暮らすためには、ある程度の余裕が必要

余裕ある生活とは?

- なにかあったときに備えて蓄えがあるという生活
- 蓄えるのではなく、自然に貯まるような生活
- ちょっとずつでもいいから貯金する生活

「蓄える」のではなく、「自然に貯まる」。
貯金はいくら金利が低くなってもマイナスにはならない。

60歳での目標額800万円をどう貯める?

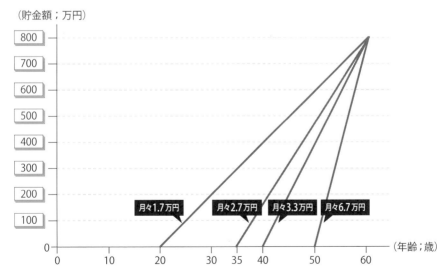

夫婦それぞれの収入をまず知ることが大前提。そして、家計の蓄えがいくらあるかをお互い知っておく必要がある。そのうえで、各々いくらを家計の預金に入れるかを決定しよう。

計画的に使えていますか？

② 価値あるお金の使い方をしよう

衝動買いをやめよう！

買ったあと「失敗した！」と思わないように、ほしい気持ちをひと晩我慢しましょう。

買ったあと「失敗した」と思わないために

　経営的、会計的にいうと、お金は価値に対して支払うもの。価値は、買う人、つまり消費者の満足を意味します。価値や満足はそれぞれの主観なので、価値の有無に客観的な基準は存在しません。ただ、そうはいっても、やはり一般的に価値のあるものに使うべきだし、ましてや、せっかく買ったものをムダにしてしまったり、大量に買って途中で飽きてしまったりといった買い方は慎まなければなりません。そのようなお金の使い方をやめることによって、支出はかなり減らすことができます。

　たとえば、白菜やキャベツなど「安いから」と必要以上に買ってしまい、食べきれずに腐らせてしまったことがあるのではないでしょうか？　冷蔵庫のなかに詰め込みすぎると電気代もかかります。これを、冷蔵庫の中身は六分か七分くらいにして、1日か2日で食べられる量しか買わないようにする。冷蔵庫はガラガラになり、電気代も節約できる。「多少の買いだめはしておきたい」という思いはあっても、腐らせてしまえば台無し。安いからとキャベツを5玉買っても、1玉しか食べきれずに残りを腐らせて捨ててしまったりしたら、4玉ぶんのお金を捨てることになってしまいます。

　また、何万円もするものを衝動買いしたくなったらいったん家に帰りましょう。すると、翌日には買いたい気持ちがなくなっていることも少なくないはずです。

冷蔵庫のなかにはお金が詰まっている!?

生活のムダをダイエット！

食材を
1〜2日分だけ
にすると……

捨てる食材が
なくなる
食費節約!

冷却効率が
上がる
**電気代
節約!**

食生活はタイトに設定したほうが、結局は得。食べきれずに捨てることにでもなったら、せっかくのお買い得も得にならない。まずは使うぶんだけを買うクセをつけよう。

家族の目標、自分の楽しみ

3 長期のライフプランを考える

夫婦の価値観をお金の流れで表す

　自分たちの将来にとって価値あることはなにか。たとえば「80歳まで元気で暮らす」「子どもに負担をかけないようにする」あるいは「年に2回、海外旅行に行く」など人それぞれ。人生の目標を設定するとき、なにに価値を見出すかがとても重要です。その話し合いをまずは夫婦でよく行っておくことが大切です。

　目標を達成するためには、中長期的な視野に立って支出の基準を決める必要があります。よくあるのは、その都度、場当たり的にお金を使ったり、衝動買いをしてみたりしてしまうこと。あるいは、隣の子どもが通っているからと自分の子どもも同じ塾へ通わせたりといった、なんとなくの消費です。

　そのような主体性のないお金の使い方を続けていては、いつまで経っても蓄えは増えません。支出の金額、つまり、使えるお金には限りがあるので、それをいかにうまく使っていくかが問題なのです。

　そこで必要になってくるのが中長期の家計の計画です。お金の使い方を計画に落とし込みます。長期なら、たとえば、生涯収入が2.8億円として、それをどう使うか。3年先、5年先の中期なら、収入・支出ともにある程度予想がつくはずです。長期および3年、5年の割り振りができたら、今度は1年間。それができたら月ごとの支出と、入れ子式に組み立てていきます。

　人生の目標と予定を、お金という側面から考えるのです。

実際の家計管理に入る前に、ライフサイクルを考えてみる

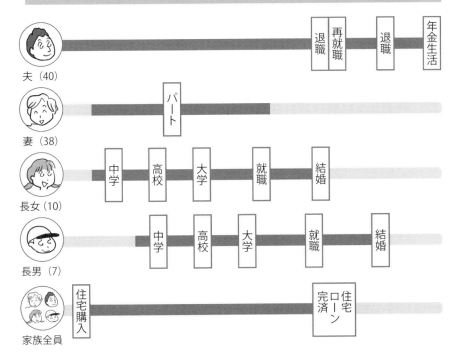

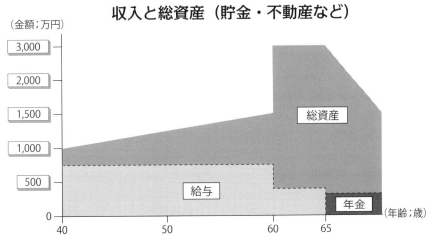

60歳で総資産が増えているのは、退職金に加え住宅ローンの完済によって支出が減るからだ。家計における住宅ローンの重みをまずは理解しておきたい。

やりたいことはお互い、それぞれ

4 ムダなことと必要なことを分ける

支出に優先順位をつけよう！

年間いくら必要なのか、
いくらまで使えるのか
支出の重要度を考えましょう。

「本当に使いたいこと」「必要なこと」にお金を集中させる

　使ったお金である「支出」を項目ごとに分けて、「これが多い」「ここは少ない」と詳細に分析する手法が家計の指南書などでよく見られます。しかし、終わったことに対してとやかくいうのはあまり意味がありません。家計にとって大切なのは、ムダに出ていくお金を制限することなのです。

　まずは、年間の収入と支出、つまり「収支」を把握することが必要です。収入はすぐに把握できるはずですし、支出に関しても、家のローンや子どもの教育費など、必要なお金を洗い出していけば、大まかな予測はつくはずです。

　1年間の収支の大枠が掴めたら、それを月単位に落とし込んでいきます。これによって、毎月の収支の大枠が決まります。この、収入と支出の計画が「予算」です。予算が決まったら、あとはそれにしたがって支出を管理していきます。

　支出は自分でコントロールできる「管理可能支出」と、簡単にはコントロールできない「管理不能支出」の大きく2つに分けられます。自分の家の支出を改めて見てみると、家賃などの「管理不能支出」が多くを占めているものです。

　狭い範囲のなかでやりくりするのはそもそもキツイ。子どもの塾代が足りないからといって父親の小遣いを減らしたり、食費を削減したりといった場当たり的な対処方法を繰り返すのではなく、クルマを手放す、住宅を手放すなどの大鉈を振るう、収入そのものを増やすなど、抜本的な解決方法が必要かもしれません。

年間収入の予定を算出！

まず、1年間の手取り収入から予算を立てる。あるいは年間の給与とボーナスの振り込み金額の合計で算出。個人事業主は、確定申告書の「収支内訳書」を利用する。ダブルインカムの場合は、夫婦ふたりの手取り額（もしくは所得金額）を合算して記入する。

● 年間収入表

	1か月	年間
給　与（手取り）	① 円	③ ①×12 円
ボーナス（〃）		④ 円
パート代（〃）	② 円	⑤ ②×12 円
合　計	①+② 円	③+④+⑤ 円

管理可能支出と管理不能支出

管理可能支出
光熱費（基本料金以外）
食費
外食・レジャー費
小遣い

管理不能支出
光熱費（基本料金）
住宅費（ローン、賃料）
保険料
通信費
教育費（授業料ほか）

管理不能支出とは、契約などによって決められていて、支払いを自由にコントロールできない支出のこと。家賃や住宅ローン、自動車のローン、保険料や学費など、毎月一定の金額が引き落とされるものを指している。見直しは管理可能支出から手をつける。

そして再び、ふたりになる

5 子どもが独立したあとは……

短期・長期の目線を併せもつ

子どもが独立したあとのことは、
早いうちから考えましょう。
ポイントは、住宅ローンです。

身の丈を考えて生活することが大切

　夫婦でバリバリ働いていて、都心に住み、ぜいたくな暮らしを楽しむ……。若い頃ならそれもいいでしょう。しかし、70歳になってもそのような生活を送るのは、そう簡単なことではありません。身の丈に合った将来像を現実的に見据えたうえで、日々の収支を考えていきたいものです。

　「定年後の生活のためにいくら用意しておけばいいのか」は、よく話題になり、意見の分かれるところでもあります。一般的には、定年を迎えた時点で3,000万円が必要といわれています。会社員と専業主婦の夫婦の年金額はふたりで月に約22万円程度。月30万円が必要だとすると、不足額は月8万円。年96万円の不足を65歳から85歳まで20年間で数えると1,920万円。これに老後の楽しみや不測の支出に1,000万円準備しておくとして、合計2,920万円。これが「定年後は3,000万円必要」の根拠となっています。

　とはいえ、人によって生活にかかる費用はそれぞれ。田舎暮らしを選べば生活費は大きく抑えられます。逆に、都会暮らしを望んでいるなら、より高く見積もる必要があるということ。つまり、3,000万円は絶対的な金額ではないのです。定年後、どういった暮らしをしていきたいのか。そして、それを実現させるためにいくら必要なのかを考え、目標を定めることが重要です。

　パートナーの考えも尊重して、夫婦としての目標を定めましょう。

定年までに住宅ローンの完済を目指す

定年後に収入が激減するのは明らか。それに対処するためにはまず、住宅ローンを完済し、住宅費の低減を図っておきたい。定年後にローンが残らないよう、早めに手を打っておくべきだ。

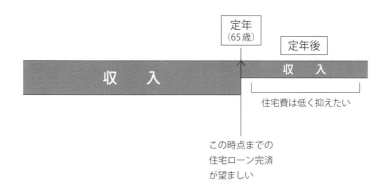

定年後の家計をイメージしてみる

今日明日のことに追われ、場当たり的な対応に終始していては、余裕ある老後は望めない。将来の姿をイメージしながら、長期的な視野でお金の流れを考えるべきだ。

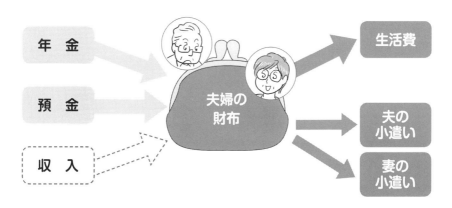

なんとかなる？　ならない？

6 家計を会社の会計になぞらえる

家計の経営は一生の仕事

家計が破たんすると、
大きな不幸の原因となります。
家計に倒産は許されません。

家計に破たんは許されない

　会社の会計とは、会社の実態をお金で表すこと。つまり、見えづらいものを数字によって"見える化"します。会社は会計をやらないと実態が見えてきません。これは家計も同様です。長期、中期、短期それぞれにおける問題点を浮き彫りにしてくれる会計の手法を、家計にも活用していきましょう。

　家計に用いるのは管理会計。目標を設定し、それに向かって統制していきます。家計の目標は突き詰めれば「家族が幸せな人生を送ること」で、そのためにお金に対する不安から解放されることだといえます。この目標を叶えるために、行動計画を定め、より具体的な目標を設定していきましょう。

　たとえば、「65歳のときに借金はゼロで貯蓄は3,000万円くらい」と、長期の目標を定めます。これは会計では「長期利益計画」といいます。次に3〜5年先を考えた「中期利益計画」を作成します。「数年内に定年を迎えるので、ローンの返済をどうするか」や、子どもの入学、結婚に対して、あるいは、自分の健康のためになにかを始めるといった目標を設定し、それに向けての貯蓄や節約をスタートさせます。そして、最後に「短期利益計画」を決めるのです。

　家計を企業会計になぞらえるメリットは、目標が定まり、将来の着地点が明確になるため、それに向かってまい進できる点にあります。また、これによって夫婦や家族のベクトルが揃い、一体感も生まれます。

会社経営も家計も会計の本質は同じ

会社経営も家計も、もっといえば国や地方公共団体の財政も、お金の使い方の基本は同じだ。絶対に倒産が許されないだけに、家計こそシビアに考えるべきだろう。

国の一般会計予算
（平成26年度）

税収＋税外収入　54.6兆円

↓ マイナス

一般会計歳出　95.9兆円
（基礎的財政収支対象経費　72.6兆円、国債費　23.3兆円）

＝

公債金収入（借金）　41.3兆円

1か月分の家計にたとえると……

世帯月収　40万円

↓ マイナス

経費総額　45万円
（うち住宅ローン13万円）

＝

不足分（借金）　5万円

知っておこう！　企業の会計システム

企業会計には財務会計と管理会計の2種類がある。財務会計は、本社の業績を決算書を使って、株主などの利害関係者に報告するための会計。一方、管理会計は、目標を設定し、企業経営の意思決定と事業推進に役立てるのが狙い。つまり、自社の業績を高めるための会計だ。

会計システム
├─ 管理会計
└─ 財務会計

管理会計
- 目的：企業経営の意思決定、事業推進に役立てる
- 対象：経営者、社内管理職
- 作成資料：社内用管理資料

財務会計
- 目的：株主などの利害関係者に対して情報を提供する
- 対象：利害関係者
- 作成資料：財務諸表

楽しいことにはお金が必要！

7 あればあるだけ使っちゃう！

支出を収入以下に抑える

『礼記（らいき）』にもある
「入るを量りて出ずるを制す」。
収入に見合った支出が大切です。

なぜ赤字になるのかを考え、脱却を目指す

　国民は、国の財政赤字を激しく批判します。株主は、投資先の会社が赤字になると経営者を厳しく責め立てます。しかし、自分の家計についてはどうでしょう。赤字になっているとしても、深刻に捉える人は少ないようです。さらにいえば、「赤字の家計を黒字化するのは簡単。収入を増やせばなんとかなる」と軽く考えている人が多い。家計は、国の財政や会社の財務とは別ものだと思っているのでしょう。

　しかし、実際のところ、家庭も国も会社も、本質はなにも変わりません。財政や財務を管理する立場にある部署は、基本的には経済合理性に沿った判断をし、行動します。家庭でも同様に、家計を管理している人（＝財布のひもを握っている人）なら、誰もが経済合理性をもたなくてはなりません。

　経済合理性とは、資本の最大化に向けて、その使途を合理的に判断する傾向を示します。つまり、生きたお金の使い方を実現するために、厳しい目をもつということ。たとえば、今や誰もが1枚や2枚はもっているクレジットカード。便利だからと気軽に使っていますが、実は、前借りとなんら変わりはありません。

　家計管理で大切なのは、収入の範囲内で生活すること。収入に見合った支出を心がけていても、今の世のなか、誘惑は多い。大豪邸に住む大金持ちが、実は、多額の借金を抱えていたという例は珍しくありません。支出を抑えないと、大変なことになってしまいます。

会社経営と家計の「赤字」

会社の赤字は売上高を費用が上回る状態、家計の赤字は支出が収入を上回る状態を指す。どちらも黒字でなければならないのはいうまでもない。

支出（費用）＜収入（売上高）＝利益（黒字）
支出（費用）＞収入（売上高）＝損失（赤字）

支出 ＜ 収入＝利益（黒字）　貯蓄の増加
支出 ＞ 収入＝損失（赤字）　貯蓄の減少

単身者の平均貯蓄高

各々の貯蓄高はあくまでも目安だが、まったく届かなかったりマイナスになってしまったりしては大問題。将来のために、今すぐ家計を見直したほうがいいだろう。

	30歳未満	30〜39歳	40〜49歳	50〜59歳
男性	151万円	542万円	796万円	1,482万円
女性	198万円	418万円	959万円	1,383万円

（平成21年総務省統計局「全国消費実態調査」、
40歳以上については平成26年総務省統計局「全国消費実態調査」より）

譲れないこと、それぞれ

8 夫婦揃って貯金が苦手

自然に貯まるシステムを！

「自然にお金が貯まる仕組み」を実現するには、意志が介在しない自動化・強制化がポイントです。

目的は純資産を絶対に減らさないこと

　貯金は「義務」です。たまたま余ったお金を貯めておくことではなく、また、人生の目的でもありません。したがって、「できる」「できない」ではなく、「自分や家族のためにやるべきこと」なのです。

　20代、30代の若い世代はまだ収入が多くありません。特に子どもができ、住宅を購入したりするとまったく余裕がなくなってしまい、資金繰りが大変になります。しかし、そんななかにあっても、5,000円、1万円、いや、1,000円でもいいから「毎月必ず貯金する」という行動が大切です。

　とはいえ、長い期間にわたり貯金に対するモチベーションを保ち続けるのは簡単なことではありません。そこでおすすめなのが「天引き」方式です。給料が振り込まれたら、預金分のお金を強制的に差し引きます。預金を、家賃や住宅ローンなど契約によって支払いが強制されている「管理不能支出」の1つとして考えるのです。

　家計を破たんさせないためには、前項の「収入の範囲内で生活すること」が欠かせません。そして、家計を存続させていくには、「毎月1円でもいいから純資産を増やすこと」が大前提です。貯金のいちばんの目的は、この「純資産」を絶対に減らさないこと。月々1,000円でも貯め続けることができれば、純資産を確実に増やしていけるということになります。

貯金の心得

- 貯金は人生の目的ではない。しかし、必ずやるべき"義務"である
- 貯金は「純資産」を増やすために行う
- 貯金は将来のリスクに対する備えとして不可欠
- 貯金は意志が介在しない"天引き"で強制化する

家計を俯瞰してみると

収入から強制貯金、管理不能支出、管理可能支出を差し引くと家計の収支の差が明らかになる。余るお金は意外に少ないことに気づくはずだ。収支が赤字なら早急な見直しが必要なのはいうまでもない。

収入 − 強制貯金 − 管理不能支出（家賃や住宅ローン、教育費など） − 管理可能支出（食費や交際費、娯楽費など）

＝ 収支の差額

お互いがいくら もらっているか、知らない

⑨ 世帯収入を把握する

ダブルインカムは一元化する

だいたいでいいので、それぞれの収入を知ること。家計全体の収入を掴むことが大前提です。

お互いの収入は明らかにしておく

　夫婦が共働きでダブルインカムである場合、問われるのはその透明性です。お互いに隠している部分があると、家計はうまくいかないことが多いからです。うまくいかない主な理由は感情的な部分にあるため、こじれると厄介です。

　「私はこれだけの金額を出している」という気持ちがどちらかに生じてしまうと、家計を維持していくうえで障害が生じます。このとき重要なのは、あまり細かいことをいわないことです。たとえば、それぞれ25万円の収入がある場合、15万円は家計に入れ、残りは自分で稼いだお金なのだからお互いタッチしないというようなルールをつくります。

　「家計の責任は基本的に男性にある」と考えている女性が依然として少なくありません。そのような女性の場合、「足りないから」と家計にお金を入れたとき、身銭を切ったような、不本意な感覚に陥ってしまうような人もいるようです。まして、お互いがいくら稼いでいるかがわからないとそうなりがちです。夫の収入はわかっていても、自分のことはいわないといった場合も同様です。すべてをオープンにする必要はありませんが、少なくとも夫婦トータルでの収入はどのくらいになるのか、お互い知っておく必要があります。

　女性も、自分の人生を考えるのであれば、相手に任せっぱなしはよくありません。自分にとっても貯金は「義務」だ、と捉え直す必要があります。

ダブルインカムの2パターン

パターン1

●収入すべてを一元管理する

夫婦の収入すべてを一元管理する方法だ。自由に使いたいお金は「小遣い」として家計から支出する。家計全体が把握できるので、コントロールしやすい。

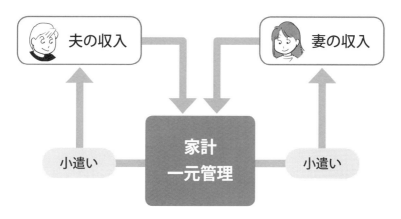

パターン2

●決まった金額を家計に入れる

それぞれの収入から毎月決まった金額を家計に入れていく。残ったお金はそれぞれ自由に管理し、使途は細かく詮索しない。お互いの収入を明らかにしておくのが大切だ。

目的があれば、がんばれる

10 ムリのない貯蓄計画を

黒字システムを構築する

家計管理に必要なのは
テクニックではなく、
自然と黒字になる仕組みです。

自分の頭で考え、試行錯誤し、今すぐに取りかかる

　倒産も廃業もできない家庭では、毎月家計を黒字にすることが基本です。黒字とは、お金がうまく回っていることをいいます。お金がうまく回っていれば、お金のことを気にすることなく、家族との時間を楽しんだうえで自分ひとりのことにも没頭できます。

　お金をうまく回すためには、黒字になる仕組みをつくるのが重要です。それが、この本で説明している「家計管理」。難しいテクニックも日々の努力も必要ありません。大切なのは、努力しなくても黒字化できる仕組みづくりです。

　残念ながら、すべての家計に当てはまる万能の管理方法は存在しません。したがって、各々の家庭に合った仕組みをつくり上げるには、少々の試行錯誤が必要です。けれども、心配は無用です。この本に書かれている家計管理の原理原則に則って仕組みづくりを進めれば、トライ＆エラーを繰り返しながらも、それほど苦労することもなく、個々の家庭にふさわしいシステムができ上がるはずです。

　いったん黒字システムをつくり上げてしまえば、なにも考えなくても確実に純資産を増やすことができます。節約が苦手な人でも、面倒臭がり屋でも、収入があまり増えなくても大丈夫。ただし、先延ばしは禁物です。今すぐ仕組みづくりに着手すれば、まず、将来への不安が消えます。そして、満足度の高い人生を送るための、価値あるお金の使い方ができるようになることは間違いありません。

人生の収支を俯瞰してみる

一般的に支出のピークは40～50代に訪れる。まずは、それを認識するべきだ。そして、資金繰りに惑わされることなく、余生が送れるように考えよう。準備に早すぎるということはない。

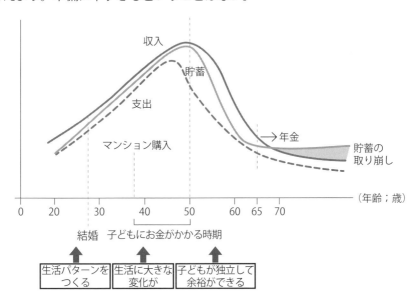

年代別に見る生活の収支パターン

大きな変化が起きたら生活パターンそのものも大きく変えるべき。変えない人、変えられない人は「大変だ」と苦労することになる。ある程度、将来的な固定収入が予想できるのだから、早めに手を打つことが肝心だ。

年代	主なイベント	位置づけ
20～30代	結婚	自分なりの生活パターンをつくる時期 （貯金の習慣をつくる時期）
30代～50代前半	子育て、住宅購入	生活に大きな変化が生じる時期 （最もお金がかかる時期）
50代後半～60代中盤	子どもの独立、定年	生活に余裕が出てくる時期 （老後の生活設計を定める時期）
60代中盤～	（住宅ローンを完済しておきたい時期）	

家計管理の意義

自分の生活を守るために家計を「見える化」する

　ニュースで生活保護やホームレスの話題を耳にすることがよくあります。社会的な弱者を救済するためにセーフティネットを設けることはもちろん必要です。しかし、「家計の運営は会社の経営と同じ」ということを、ひとりでも多くの人が認識できていれば、事態はまた違った展開になっていたことでしょう。まずは自分の力で、自分の生活を守らなければいけません。そういった意識を若い頃からもつことが大切です。

　私が若い頃は、日本経済が右肩上がりの成長を続けている時期ということもあり、今思い返してみると、かなりムチャなお金の使い方をしてきました。高いマンションを購入して毎月の支払いに苦労したり、それに懲りずに次はクルマを買ってみたり……。それでもなんとかここまでやってくることができた最大の要因は、夫婦や家族で家計の話を常にしていたことにあると思います。

　会社に会計が必要な理由は大きく２つあります。まず１つは、会社の実態を貨幣価値で表現する、つまり会社の実態を可視化するため。もう１つは、達成すべき目標を設定し、会社を統制するためです。

　家計の場合も同様です。それぞれの家庭における生活と活動をお金の面から可視化すること。そして、入ってきたお金をどのように使うか、貯めたお金をどのように運用していくのか。自分の生活を守るためのこれらの作業を、きちんと行っていくために、会計はまたとないツールなわけです。会計の手法を用いて家計を管理することによって、家族全員が情報を共有し、同じ方向を向けること。これが家計管理の最も大きな意義といえるでしょう。

Chapter 2

How to 編

「家計管理を始めよう」

家計管理の具体的な方法について解説します。家計管理の導入をスムーズに進めるため、実際の作業の内容をよく理解しておきましょう。

実態が見えていない？

1 問題をはっきりさせる

未来志向の家計管理を実現しよう！

人生の目標をどこに設定するか、自分たち家族がなにに価値を置くかをはっきりさせておく。

将来が不安なのは目標がはっきりしていないから!?

「家計簿」には、すでに終わったことを書きます。そのため、漠然とした将来の不安を感じるだけで、次の行動に結びつかない場合がほとんどなのです。

家計簿をつけることに意味がないわけではありません。気をつけなければならないのは、「家計簿をつける」行為そのものが目的化してしまうこと。そうなると、「細部にわたって細かくつければつけるほどいい」と考えてしまいます。

FP（ファイナンシャル・プランナー）のなかには「家計簿は細かくつけなさい」と指導する人がいるようです。そのうえで、「収入が足りなければ増やせばいい」といいます。「資産の利回りを年2％から3％に増やすだけでかなり違う」などともいいますが、簡単にそれができれば苦労はしません。

実際の家計管理に乗り出す前に、まず、人生をライフサイクルで考えてみましょう。そうすると、収入は意外と少ないことがわかります。たとえば、生涯収入が2.8億円だとします。家やマンションを購入すれば、住宅ローンで6,000万円くらい出ていってしまいますから、それだけで2割減の残金2億2,000万円です。

サラリーマンが本業だけで収入を増やすのは難しいので、独身時代の生活水準をある程度維持したいと考えたり、老後のお金の心配を払拭したりするなどの目標のためには、それなりの方策を考える必要があるでしょう。ダブルインカムも有効な手段です。家族でよく話し合っておきましょう。

生涯収入を計算してみる

65歳までのサラリーマンの生涯収入は男性で平均2.8億円だ。転職経験のない人のほうが、転職経験のある人より上回る結果となっている。

定年までに稼げるお金

男性平均…2.8億円（転職経験あり…2.5億円）
女性平均…2.4億円（転職経験あり…2.0億円）

※年収は年齢と共に変化する

年代別に見た平均年収

支出が増えることが予測される30代後半から50代にかけては収入も増える。計画的に取り組めば、貯蓄もできるはず。

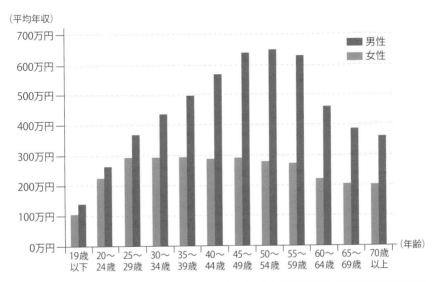

平成26年国税庁「平成25年分 民間給与実態統計調査」

1 問題をはっきりさせる

人生の目標を定めよう

ダメな家計や会社経営に共通しているのが、中長期視点の欠如。しっかりと目標を定めましょう。

10年間の支出予測表で将来を「見える化」する

　多くの人は将来を見ずに1年の予算からスタートしてしまいます。でも、実は、中長期の計画を立ててから現在に落とし込んでいくことこそ、家計を黒字で回し続けなくてはならない私たちに欠かせない作業といえるのです。

　1年という短期的な予算管理に追われてしまうのは、目先の予算を達成するために奔走するダメな会社と同じこと。そんな会社にかぎって、朝令暮改で、せっかく決めた方針をいとも簡単に変更し、混乱に拍車をかけてしまうのです。

　中長期視点の先には、将来のビジョンがあります。これはいわば人生の道しるべで、北極星のようなもの。今の状況に左右されない、確固たる目標を指します。家計管理も会社経営も、最終的な目標は将来のビジョンの実現にあるのはいうまでもありません。予算管理はその手段にすぎないことを覚えておきましょう。

　中長期の視点を手に入れるためにぜひ作成していただきたいのが「10年間の支出予測表」です。10年先までを可視化し、見通してみましょう。自分が10年後、たとえば42歳だとしたら、夫は、子どもは？　40歳になったとき、やっておきたいこと、子どものためにしてあげたいこと、将来の目標、そしてそのときの仕事の状態……。多方面から、10年先の自分を想像して、目標を定めていきます。そして、それを叶えるためにお金が実際、いくらかかるのか。

　そうすれば今後の大きな支出可能額が予測でき、ビジョンの実現に向けた現在の行動に落とし込みやすくなります。また、優先順位をつけることによって、一時的な感情に流されることを抑止する効果も期待できます。

10年間の支出予測表をつくってみよう

今後10年間のイベントや夢など、あなたや家族の願望を思いつくままにすべて書き出してみよう。実現可能か否かは問わない。赤字になってもOK。優先順位をつけることで価値観が再確認できるはず。

		2016	2017	2018	2019	2020	2021	2022	2023	2024	2025
家族(年齢)	夫										
	妻										
	子ども										
	子ども										
イベント(必要な費用)											

● 記入例

		2016	2017	2018	2019	2020	2021	2022	2023	2024	2025
家族(年齢)	夫	39	40	41	42	43	44	45	46	47	48
	妻	38	39	40	41	42	43	44	45	46	47
	息子	6	小1	小2	小3	小4	小5	小6	中1	中2	中3
	娘	4	5	6	小1	小2	小3	小4	小5	小6	中1
イベント(必要な費用)		④両親を連れて温泉に行きたい(10万円?)	⑦息子小学校入学(10万円?)	⑩フランスの妹宅へ行きたい(40万円?)	⑧娘小学校入学(10万円?)	⑤ハワイへ家族旅行(50万円?)	⑥息子塾開始(30万円?)	②自宅メンテナンス(80万円?)	⑨息子中学入学(30万円?)	③娘塾開始(20万円?)	①息子高校受験、娘中学入学(合わせて60万円?)

※イベントの丸数字は10年間の家計における優先順位

月にどのくらい使えるのか？

② 支出をスリム化させる考え方

家計も正しくダイエットを！

間違った節約は家計を
不健康にし、家庭から
笑顔を奪ってしまいます。

目先のことにとらわれない

　出ていくお金を抑えるための方法として、まず思い浮かぶのは「節約」の2文字でしょう。将来のために節約は大いにやるべきです。ただし、手当たり次第やみくもにケチケチすればいいわけではありません。

　家計費は、家族構成や生活の仕方によって決まり、その大きさと内訳は家庭によって異なります。もし、家計が毎月借金をしなければ立ち行かないということであれば、即刻、抜本的な対策に乗り出すべきです。しかし、収入の範囲内でやり繰りしている場合、それなりにバランスが取れているといえます。

　ところが、支出の内容をこと細かに洗い出し、さらには特定の費用だけをクローズアップしてムリに削ったりすると、家計費全体のバランスが崩れ、生活の質が低下してしまいます。たとえば、食費や各人の小遣いなどがそれ。手っ取り早いぶん、注意が必要であるといえるでしょう。

　家計費を削減するポイントは、一つひとつの費用を個別に細かく削るのではなく、ムダな生活費がかからない生活に改善し、家計費全体を減らすこと。さらにいうと、ムダな出費が再び増える、すなわち"リバウンド"を防ぐことが重要なのです。そして、家計を管理するうえで大切なのは、日々努力して支出を抑えることではなく、後述する予算作成の段階で不要なものを取り除くことです。そして、必要な部分にお金を集中させることにあります。

節約のための4つのルール

なんでもかんでもやみくもに制限すればいいというものではない。ムリなく効率よく、節約する方法を知っておこう。

1. 支出が最も多い部分に着目する
2. 支出を細かく分類しても、きめ細かな管理ができるわけではない
3. 不必要と感じる支出は思い切ってやめてしまう
4. 少し改善しただけで大きな効果が見込める支出を見つける

成果を出すための取捨選択

「保険」を見直す

保険は、いったん契約してしまうと、その後は自動的、定期的にお金が出ていく代表的な「管理不能支出」の1つです。

入院して手術をすれば100万円近くはかかりますから、医療保険には入っておいてもいいでしょう。ただし、日本には高額療養費制度があります。医療費の自己負担額が高額になった場合、一定の金額を超えたぶんが払い戻されるので、過分な医療保険は必要ありません。また、生命保険も人によって必ずしも必要のないケースがあります。

付き合いなどですすめられるがまま、いくつもの保険に入っている人は少なくありません。一度、見直してみるといいでしょう。

なんでもかんでも入っておけば安心、ではないのです。

予算計画が現実と合わない

3 ライフスタイルは変化する

年代によって意識を変えよう!

年代によって収入の多寡やお金の使い方が違うことを、意識するだけでかなり変わってきます。

ライフステージには大きく３つのフェーズがある

「10年20年見直ししない」では、把握できないのは当然です。一生涯のライフサイクルのなかで年齢と年収の関係を考えた場合、一般的に20代は少なく、50歳から55歳あたりがピークになります。一方、支出を考えると、25歳から30歳過ぎあたりまでは子どもがいないかまだ小さいため、収入が支出を上回り比較的余裕がある状態です。その後、どんどんお金がかかるようになり、再び余裕が出てくるのは50歳を過ぎて子どもが独立した頃になります。つまり、資金需要には、30代における住宅費、40代における子どもの教育費、そして65歳以降の老後の生活費と、３つの大きなフェーズがあります。このことをまずは理解しておくといいでしょう。

生涯のなかのいちばん大きな通過点は、65歳です。サラリーマンが一般的に定年を迎える65歳で住宅ローンを完済し、なおかつその時点で3,000万円の預金があれば老後を安心して迎えられる計算になります。

そこで問題なのが、老後の資金をいつ貯めるか、ということ。20代30代の若く比較的余裕がある時期の貯金は、その後の住宅資金や将来の子どもの教育資金でおそらく底をついてしまうでしょう。したがって、老後のための資金を貯め始めるとすれば、50代、子どもの教育費があまりかからなくなり、再び余裕が出てきてからになるはずです。「遅すぎるのでは？」と心配することはありません。それからでも実は十分間に合います。

65歳・リタイア後の自分をイメージしよう

- 借金・ローンなし
- 持ち家あり
- 貯蓄は3,000万円あり
- 子どもの世話にはならない
- 趣味を楽しみたい（例：年に2～3回は旅行したい）
- とはいえ、一生で稼げるお金は多くはない

➡ 今、なにをやるべき？

今から老後を考えておこう

- 各年齢の人は平均であとどれくらい生きる？（2014年）

年齢（歳）	男（年）	女（年）
0	80.50	86.83
20	60.90	67.16
40	41.57	47.55
50	32.18	37.96
60	23.36	28.68
65	19.29	24.18
70	15.49	19.81
75	11.94	15.60
80	8.79	11.71

60歳の男女なら……
男性 約83歳まで
女性 約88歳まで

厚生労働省「簡易生命表」

- 老後の生活資金源は（2014年）

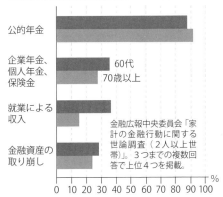

金融広報中央委員会「家計の金融行動に関する世論調査（2人以上世帯）」。3つまでの複数回答で上位4つを掲載。

- 定年後のお金はいくら必要か（夫は妻より2歳年上。夫は83歳、妻は88歳まで生きる場合）

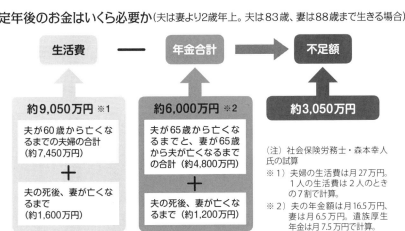

生活費 約9,050万円 ※1
- 夫が60歳から亡くなるまでの夫婦の合計（約7,450万円）
- ＋
- 夫の死後、妻が亡くなるまで（約1,600万円）

年金合計 約6,000万円 ※2
- 夫が65歳から亡くなるまでと、妻が65歳から夫が亡くなるまでの合計（約4,800万円）
- ＋
- 夫の死後、妻が亡くなるまで（約1,200万円）

不足額 約3,050万円

（注）社会保険労務士・森本幸人氏の試算
※1）夫婦の生活費は月27万円。1人の生活費は2人のときの7割で計算。
※2）夫の年金額は月16.5万円、妻は月6.5万円。遺族厚生年金は月7.5万円で計算。

4 家計の現状を把握する

純資産の把握から始めよう!

家計管理は、「財産目録」をつくって純資産を把握することから始めます。毎月、家計の"棚卸し"をしましょう。

「財産目録」用のノートをつくる

　家計管理では、日々のわずかなお金の動きではなく、大きな流れを掴むことが重要です。いくらこと細かに支出を記録していても、それを有効に活用できなければ意味がないからです。そこでおすすめしたいのが、市販の家計簿や家計用アプリに頼らない、独自のノートづくりです。

　まず、ノートを2冊用意してください。あまり小さなノートでは書きづらく、また、見づらくなってしまうので、大きさはA5～B5サイズのものがいいでしょう。ノートを2冊用意するのには、もちろん理由があります。1冊は「財産目録」用、もう1冊は「予算・収支」用に利用するからです。

　「財産目録」用のノートは、純資産の増減をひと目で把握できるようにするため作成します。すでに述べたとおり、家計における大命題は「毎月純資産を1円でもいいから増やすこと」だからです。

　一方、「予算・収支」用ノートは、予算の計画や1年間の現金収支などを記入し、お金を有効に使うことができていたのかを確認するために作成していきます。どちらも家計の「数字」を記入していくノートですが、目的が異なるため、いっしょにするとよくわからないものになってしまうので注意しましょう。

　家計管理は、記録することよりも、常に見直していくことが肝心です。見直しをすることによって、良い方向へと向かうように、行動を変えることが大切だからです。

「財産目録」用ノート作成のポイント

ノートを用意する
→A5～B5サイズの自分が書きやすいもの

「プラスの財産」と「マイナスの財産」を洗い出す
1. 家じゅうの通帳を集め、記帳→すべての残高を明確にしておく
2. 財形貯蓄の金額を調べる
3. 持ち株すべての時価を確認する
4. 所有している不動産の売却可能額を調べる
5. 家じゅうの現金を集計する
6. 各種ローンの残高を調べる

純資産を算出する
→プラスの財産とマイナスの財産の差額を計算する
→純資産が出る

※まず「借金があるか、ないか」をチェックする
　→自覚することが大切！
※作業は毎月末に行うこと
　→純資産の増減を具体的な数字で確認！
※ノートは手書き
　→計算はソフトやアプリでもOKだが、最終的な結果は手書きが原則
　→手書きはバーチャルになりがちな金銭感覚をリアルに戻してくれる
　→手で書くことで数字を記憶できる
※財産目録の作成を機に銀行口座を整理しておく

記入例【2015.5.31　財産目録】

[プラスの財産]

普通預金	三井住友BK	372,521円
定期預金	三菱東京UFJBK	1,000,000円
財形貯蓄	みずほBK	2,000,000円
手元現金		38,952円
不動産	自宅	28,000,000円
	計	31,411,473円

[マイナスの財産]
　住宅ローン残高　みずほBK　13,002,567円

[純資産]
　18,408,906円

[前月比]
　プラス 18,000円

5 年間収支実績表でこれまでを振り返る

将来のために過去を把握しよう!

純資産を1円でも増やし続けていくために過去の"金使い"をきちんと把握しておきましょう!

昨年の収支実績表をつくってみよう

　家計管理をきちんと行っていくうえで「財産目録」とともにまず必要なのが「収支実績表」です。「収支実績表」はその名のとおり、1年間の収入と支出の実績をまとめたもので、このあと「予算」を考えるときの目安として必要になります。

　たとえば、昨年は1年間で電気代が10万円かかっていたとしましょう。この「実績」をきちんと把握していれば、「今年は支出を抑えるため節電しよう」と考えたとき、「年間9万円ならイケルはず」と現実的な予算組みができるはずです。ところが、把握ができていなければ、適切な予算は立てようもありません。「5万円くらいでイケルのでは」などと実現不可能な予算を立ててしまい、気負ってスタートさせたはいいものの、ムリがたたって挫折してしまうのがオチです。

　高すぎず、低すぎず、ちょっとがんばれば達成できそうな数字を設定することが成功する予算編成の鍵といえます。そのためには、過去のデータをきちんと分析し、「目安」となる数字を掴んでおくことが重要なわけです。

　ではまず、「予算・収支」用ノートを準備しましょう。次に、銀行の通帳を手もとに揃えてください。昨年の収入と支出がわかるもの、家計簿や確定申告の資料が残っている人は、それも手もとに揃えます。通帳や資料が揃ったら、右の表をコピーして用意したノートに貼りつけ、数字を記入していきましょう。

　あくまでも将来のためにつけているということを忘れないでください。

●収支実績表（　　　年）

収入	給与			
	ボーナス			
	パート代・臨時収入			
	計			
預金				
管理不能支出	生活費	家賃		
		管理費		
		電気ガス水道代（基本料金）		
		テレビ受信料		
		電話代		
		インターネット代		
		新聞代他		
		固定資産税		
		その他		
		計		
	教育費	入学金		
		授業料		
		教科書代		
		給食費		
		塾代		
		その他		
		計		
	健康医療費	ジム会費		
		その他		
		計		
	車両費	駐車場代		
		自動車税		
		保険料		
		その他		
		計		
	保険料	生命・医療保険料		
		損害保険料		
		健康保険料		
		年金保険料		
		介護保険料		
		計		
	ローン返済	住宅ローン		
		自動車ローン他		
		計		
	管理不能支出計			
預金＋管理不能支出計				
支払可能金額〔収入計－（預金＋管理不能支出計）〕				
管理可能支出	生活費	食費		
		交通費		
		日用品費		
		小遣い		
		衣服費		
		その他		
		計		
	交際娯楽費	娯楽費		
		慶弔費		
		外食費		
		その他		
		計		
	健康医療費	診療費		
		薬代他		
		計		
	教養費	図書費他		
	車両関係費	ガソリン代他		
	管理可能支出計			
支出計				
収支差				
イベント等特記事項				

「予算」がない……

⑥ 1年間の特別支出を予測する

予測可能な「特別支出」を算出しよう！

予算オーバーを防ぐため、
"想定外"の支出を
想定しましょう。

1年間のどこかで支払うのが「特別支出」

　前項で過去1年間の収支実績表をつくってみました。同じ「支出」といっても、住居費や生活費など、毎月決まって出ていく支出ばかりではないことに気づいたはずです。毎月継続して支払うものではなく、しかし、1年のなかで支払う予定や予測がつくお金を「特別支出」と呼びます。住宅の固定資産税や車の税金、子どもの入学金や合宿の費用、帰省の費用、買い替える予定の家電やインテリアの費用などがそれです。

　これら特別支出の合計金額を出してみてください。概算でかまいません。意外に大きな金額になり、驚いた人も多いことでしょう。実際のところ、毎月決まって出ていく金額と特別支出の金額の割合は、ほとんどの家庭で半々になります。つまり、特別支出を軽く考えていてはいけないということなのです。

　特別支出は、毎月決まった金額が家計から出ていくわけではないので、つい使いすぎてしまうことも少なくありません。しかも、かなりまとまった金額になりますから、毎月の家計ではまかないきれなくなり、あわてて貯金を取り崩す事態に陥りがちです。

　臨時的な支出であっても、それが事前にわかっているのなら、予算に組み入れておかなければなりません。予算組みができない支出については、そのための貯蓄を用意しておき、それで補填するべき。貯金を取り崩すのはもってのほかです。

予測できる特別支出

住宅・インテリア
・更新料　・引っ越し費用
・修繕費用
・家具、インテリアの購入費用

保険、税金
・固定資産税　・火災保険
・年払いの保険料

クルマ
・自動車税　・自動車重量税
・保険　・車検費用

教育費
・部活動の合宿費用　・塾の講習費
・制服代、体操服代
・発表会の費用　・留学費用

交際費
・お中元、お歳暮　・祝儀

イベント
・帰省費用　・家族旅行代
・趣味にまつわる費用

ペット
・予防接種代　・トリミング代

※予測できる特別支出の一例。各々の項目の定義付けは各家庭で自由に決めてかまわない。ただし、なにを特別支出とし、どの項目に含めるかの「ルール」は明確にしておくこと。

予測できない特別支出

住宅・インテリア
・予定外の修繕費用

クルマ
・予定外の修理費用

交際費
・香典　・出産祝い

教育費
・予定外のイベントや講習費用

イベント
・予定外のイベント費用

ペット
・診療費

7 預金とプール金を区別する

特別支出も「見える化」が肝心!

1年間の予測でかかる費用を「見える化」したうえで、それに備えることが家計安定の鍵。

特別支出の総額からプールする金額を算出

　特別支出は予算としてあらかじめ家計に組み込んでおくべきです。そして、基本的には手をつけてはいけない預金と、特別支出に利用するためのプール金とを区別したうえで、一定の金額を毎月貯めていきましょう。

　特別支出も「見える化」が重要です。まず「1年間の特別支出予測表」を作成します。そして、作成した表に1年間で予測できる特別支出を記入していくのです。支払うことがほぼ間違いない項目については、できるだけ正確な金額を書き入れていきましょう。最後に特別支出をすべて合わせて総額を算出します。その金額を12か月で等分すれば、1か月あたりにプールすべき金額が導き出されるわけです。

　本来、税金や子どもの入学金などを「特別支出」と呼ぶのは正しくありません。なぜなら、予測可能な費用は決して"特別"な支出ではないからです。しかし本書では、あえてこれらを「特別支出」と呼んでいます。毎月支払いが発生しない支出を把握しやすく、なおかつ管理を容易にする狙いがあるからです。

　自分と家族全員の1年間の行動予定をなるべく具体的に予測することで、予算とのブレを最小限に抑えることができます。ぜひ「1年間の特別支出予測表」の作成にチャレンジしてみてください。

　プール金が不足しているからといって、毎月の預金を取り崩したりしては本末転倒です。できるだけ「足りなくなる」ことのないようにしたいものです。

「1年間の特別支出予測表」

	支出内容	金額		支出内容	金額
1月			7月		
2月			8月		
3月			9月		
4月			10月		
5月			11月		
6月			12月		

1年の合計　　　　円　÷ 12 ＝　1か月の積立額　　　　円

※予測ができない特別支出は、原則として預金でまかなう

●記入例

	支出内容	金額		支出内容	金額
1月	正月（お年玉含む）	50,000 円	7月		
2月	夫誕生日	10,000 円	8月	夫の実家帰省	150,000 円
3月			9月	息子誕生日	10,000 円
4月	母誕生日	5,000 円	10月	父誕生日	5,000 円
5月	母の日 娘誕生日	10,000 円 10,000 円	11月		
6月	固定資産税 父の日	120,000 円 10,000 円	12月	入院保険年払い クリスマス	50,000 円 20,000 円

1年の合計　450,000 円　÷ 12 ＝　1か月の積立額　37,500 円

※予測ができない特別支出は、原則として預金でまかなう

家族が多いと支出が……!?

8 年間の収入予算を立てる

最も重要な予算立て

予算も立てず無計画に
暮らしていると、支出が膨らみ、
いつの間にかお金がなくなります。

予算立ての目的は支出をコントロールすること

　予算を立てるという作業は、際限なく膨らみがちな支出に上限を設定し、収入を上回らない仕組みをつくるために行います。この仕組みづくりは、純資産を増やしていくうえで欠かせないものです。使ったお金だけを家計簿に書き留めていくだけでは、なんの効果も得られません。

　家計管理は、支出予算に気をとられがちです。しかし、収入は支出の上限を示す、いわば"基準"となります。まずは収入予算をしっかりと把握してください。

　本書のP72〜P73で作成した昨年の「年間収支実績表」を用意しましょう。家計のこれまでの実績を表す年間収支実績表は、予算を立てるうえで欠くことができません。現実とかけ離れた予算案をつくっても、絵に描いた餅になってしまうからです。とはいえ、踏襲するのではなく、あくまで参考程度にとどめておきます。

　というのも、毎年毎年、起こることややりたいことなど、行動内容は変わっていきます。変わらないものはそのままでいいのですが、「変わるもの」をできるだけ正確に予測することが、とても大切なのです。

　収入予算、支出予算ともに1年単位で考えていきます。イレギュラーな収入もすべて把握すること、そして、年間での黒字化を目指すことが目的です。

　支出をコントロールすることが予算を立てる目的ですから、過去を参考にしながらも、達成可能で現実的な予算を編成するのがポイントになります。

1年間の収入予算を立てよう

年間収入予算表作成の4ステップ

1. **昨年度の源泉徴収票を用意。給与額を記入する**
   昨年度の源泉徴収票をもとに、予算表の「給与」欄に手取り収入(ボーナスを除く)を記入する
   ※源泉徴収票がない場合は、預金通帳の給与振込金額や給与明細の差引支給額の12倍(1年分)を記入
   ※ダブルインカムの場合は、夫婦ふたりの手取り収入を合算して記入する

2. **ボーナスの金額を記入する**
   ボーナスの手取り額を「ボーナス」欄に記入する

3. **パート代、臨時収入を記入する**
   パート収入が見込める場合は予想手取り額を、保険の割り戻しや児童手当など予想できる臨時収入も記入

4. **合計金額を算出する**

● 年間収入予算表

給　　与	円
ボーナス	円
パート代、臨時収入	円
合　計	円

楽観的なのはいいけれど……

⑨ 強制貯金額を決める

いつから貯めるかで変わる

年齢によって貯め方も
変わります。
貯金の必要性を把握しましょう。

10年間の支出予測表を用意する

　収入予算を立てたら、次は強制貯金額を決めましょう。基本的には、強制貯金の金額はいくらでもかまいません。預金を習慣化することと、純資産を1円でも増やすことが目的だからです。P60〜P61で作成した10年間の支出予測表で、預金の重要性、必要性を実感した人も多いのではないでしょうか。奇妙なことに、預金額は収入と必ずしも一致しません。年収が1,000万円あっても預金はほぼゼロ、という人もいれば、年収300万円でも預金は1,000万円を超すという家庭も珍しくありません。

　お金を貯めるのが難しいのは、その人の裁量に任されている部分が大きいからです。言い換えれば、意志を排除し、強制的に貯まる仕組みをつくればお金は貯まります。それが強制貯金です。特に若い人の場合は、月に1万円でも5,000円でもいいので、毎月必ず一定の金額を貯金するクセをつけていきましょう。

　一方、中高年の人の場合、老後資金の貯め方が課題になります。家計に余裕が見出せるのであれば、40代のうちから貯め始めるのもいいでしょう。子どもが独立したのち、50代の中盤から定年までの間に一気に貯めるのも"あり"です。つまり、今すぐ貯め始めてもいいし、今すぐには始めない選択もあるということ。ただし、今貯め始めないのなら、いつから始めるのかをハッキリさせておくことが必要なわけです。

定年後の財産目録を作成してみる

特に中高年の人は、定年後の財産目録をつくることで、老後に向けた資金を「見える化」することが大切。自営業の人は自分で「定年」を決め、予測する。10年間の支出予測表を参考にしながら、定年後の財産を書き出し、計算していこう。実際より多く見積もってしまうのを防ぐため、収入は増えないことを前提に計算しよう。数字は細かく出す必要はない。

【プラスの財産】
- 普通預金、定期預金、積立預金の残高
  →最低限の貯金を続けた場合の定年時における貯蓄額を計算
- 財形貯蓄
  →定年時の予想貯蓄額を記入
- 土地、建物
  →売却価格（現在の価格でかまわない）を記入
- 株式、債券
  →現在の価格を記入

【マイナスの財産】
- 住宅や車などのローン残高、借入金の残高など

●定年後の財産目録（記入例）

【プラスの財産】

普通預金	三井住友BK	400,000円
定期預金	三井住友BK	15,000,000円
積立預金	みずほBK	5,000,000円
不動産	自宅	25,000,000円
	合計	45,400,000円

【マイナスの財産】 0円　　　【純資産】 45,400,000円

【MEMO】 ※ざっくりとした金額でOK。気づいたことをメモしておくこと

収入が一定ではない

10 年間の支出予算を作成する（1）

まず、ボーナスの年間予算を立ててみる

　いよいよ年間の支出予算を編成します。まず最初に組むのはボーナスの予算です。企業の管理会計のセオリーは「固定収入＝固定支出に充てる」「変動収入＝変動支出をまかなう」となっています。家計管理では、ボーナスをどちらに位置づけるかがポイントです。一般的にボーナスは会社の業績によって変動するものですから、変動収入と捉えるのがいいでしょう。

　変動支出は「管理可能支出」のことで、自分たちの意思によって支出を調整できるものを指します。一方、固定支出は主として「管理不能支出」のことで、家賃や住宅ローンなど毎月出ていくことが決まっているものをいいます。

　ボーナスはその性格から変動支出のみをまかなうようにするべきです。ところが、実際のところ、固定支出の支払いにもボーナスを充当しているという家庭が少なくありません。

　これは実は、大変危険です。固定支出は収入が減ったからといって簡単には削れないのです。その支払いに当て込んでいたボーナスが十分でなかった場合、貯蓄を取り崩すようなことにもなりかねません。

　自営業の場合も、固定的な仕事の収入は固定支出に、臨時収入は変動支出に充てるようにするなど策を講じて、管理会計のセオリーから大きく外れないようにしましょう。

変動収入 （ボーナスや臨時収入） を充当してもいい支出	変動収入の 充当は 望ましくない支出
・旅行費用 ・イベント費用 ・家電、インテリアの購入費用 ・外食費 ・住宅購入の頭金 ・住宅ローンの繰り上げ返済 ・小遣い	・家賃や住宅ローン ・光熱費や電話代などの生活費 ・教育費 ・保険料

ボーナス予算を組んでみる

固定収入とは別に予算化し、「予算・収支ノート」に記入しておこう。

●ボーナス予算（記入例）

	金　額	内　容
夏のボーナス	500,000 円	住宅ローン繰り上げ返済　300,000 円
冬のボーナス	700,000 円	冷蔵庫買い替え　100,000 円 旅行　200,000 円

※このほか、臨時収入が見込める場合は記入する

11 年間の支出予算を作成する(2)

費目の立て方がポイント!

予算はお金で表す行動計画。
自分、家族にふさわしい
オリジナルの予算をつくりましょう。

家族が大切にしていることにフォーカスする

　続いて、管理不能支出と管理可能支出を右表に記入していきます。管理不能支出は、支払いが契約によって決まっている支出のことで、家賃や住宅ローン、保険料などがそれです。P73で作成した昨年1年間の「収支実績表」を参考に今年の予算を決めていきましょう。

　次に管理可能支出の予算立てです。管理可能支出の予算は、収入予算から管理不能支出と強制貯金を差し引いた金額が上限になります。ここで大切なのが「費目」（費用の名目）の立て方。

　予算は「1年間、自分（と家族）はなにがしたいのか」という行動計画をお金で表現するものです。したがって、市販の家計簿にズラリと並んだ費目を踏襲する必要はありません。自分たち家族がやりたいこと、重きを置きたいことを費目化すればいいのです。

　費目を立てるときのポイントは大きく2つあります。1つは、「あとから振り返ったとき、知りたい支出」を費目化することです。たとえば、子どもにいくら教育費をかけたのか、家族旅行にどのくらいかけたのか、など、家族にとって重要なことを費目化します。そしてもう1つは、管理可能支出は「費目数を5つ以内にとどめる」こと。これは、費目が多すぎると管理が面倒になり、少なすぎると振り返ったとき、なににいくら使ったかがわからなくなってしまうからです。

年間予算表を作成してみよう!

「予算・収支ノート」に以下の記入をしていく。コピーしてノートに貼りつけるといいだろう。

※どの支出がどの費目に入るかなどのルールづくりも家族でやってみよう

		年間予算	月次予算
収入 (固定収入)	給与①		
	給与②		
	その他		
	計		
預金	強制貯金		
管理不能支出	費		
	費		
	費		
	費		
	費		
	費		
	費		
	その他		
	計		
支払い可能額[収入−(預金+管理不能支出)]			
管理可能支出 (5つ以内)	費		
	費		
	費		
	費		
	費		
	計		
支出計			
収支差			

家計管理の目的

お金に縛られないためにお金をコントロールする

　人生の目標は人それぞれでしょう。しかし、皆、「いい人生を送りたい」と願っていることに違いはないはず。この"いい人生"を家計の面から定義すると「お金に縛られないこと」だと私は考えます。そして家計管理は、お金に縛られない人生を手に入れるための大変有効なツールなのです。

　たとえば、サラリーマンの生涯収入は男性の場合、大卒で大手企業に入社し65歳の定年まで勤め上げると約2億8,000万円。複数回の転職経験がある人で2億5,000万円程度。女性の場合は、転職せずに勤め上げた場合が2億4,000万円、転職すると2億円ほどになるようです。一見多く思える金額ですが、人生における"必要経費"を差し引いてみると、意外に余裕がないことがわかります。

　最近は「結婚したら仕事をやめて家庭に入りたい」と主婦願望を抱く女性が増えてきたり、専業主婦を"勝ち組"ともてはやす風潮もあるようですが、女性であっても時間が許せば働くべきでしょう。たとえば、25歳から55歳までパートで月8万円稼げば3,000万円弱になります。これが家計にとって大きな助けになるのはいうまでもありません。「時間に余裕があれば働く」ということは、家計を守るうえで重要なことなのです。

　現代社会では、お金を使わせようとあの手この手で誘惑を仕掛けてきます。そこで、家計管理の目的の完遂に向けておすすめしたいのが「行動指針」を定めること。自分と家族が大切にしているものやことに合わせて、お金の使い方を明文化するわけです。たとえば、わが家の場合、子どもの教育費と趣味の旅行にフォーカスしました。これだけのことでも、お金の使い方はずいぶん変わってきます。

Chapter 3

応用編

「家計管理、こんなときどうする?」

家計管理をさらに深く知るためのヒントを紹介しています。家計管理の活用と確認のために、ぜひマスターしていきましょう。

ちょこちょことしたムダ使い？

1 支出を減らすことを検討する

現金支出を削る前に見直すべき支出

　支出には、契約によって毎月の支払いが強制されている「管理不能支出」と、支払額が一定ではない「管理可能支出」があるのは、これまでにお伝えしたとおりです。支出を減らしたいと考えたとき、まず思い浮かぶのは「節約」の2文字。そして、節約を考えたとき、まず目がいくのは食費など現金支出の多い「管理可能支出」でしょう。

　しかし、日常生活に直接影響が出る「管理可能支出」を削る前に、見直してほしい支出があります。それは、月々の会費といった"小さな管理不能支出"です。スポーツクラブの会費や、クレジットカードの年会費、携帯電話のオプション・サービス、雑誌の定期購読など、少額ながら定期的に引き落とされるものが皆さんの家計にもいくつかあるはず。それらを本当に活用しているか、ここで改めて検討してみましょう。もし、「あまり使ってないかな……」というものがあれば、すぐにでも解約するべきです。

　月々の支払い自体はわずかな金額であっても、積み重なればけっこうな額になります。これは企業経営にも共通することですが、固定費が少ないほど損益分岐点も下がりますから、利益が出やすくなり、黒字体質へと改善することができます。管理不能支出の増加を招く契約には、たとえ少額であっても慎重に対応するのがポイントです。

「小さな管理不能支出」を見直してみる

家賃や住宅ローンといった"大物"の陰に隠れて目立たない存在なのが「小さな管理不能支出」だ。金額が小さいだけに見落としがちだが、"チリも積もれば山となる"で、実はけっこうな金額になることも珍しくない。これらは、住宅費などと違って見直しは簡単。ムダに支払っているものはないか探し出し、やめられるものは思い切って即、実行に移そう。

やめられる「小さな管理不能支出」の代表例

- スポーツクラブの会費
- クレジットカードの年会費
- 携帯電話のオプション・サービス
- 雑誌の定期購読
- サプリメントの定期購入
- 化粧品の定期購入
- 生協などの定期便
- 飲料水のサーバー

「やめられるもの」をノートに書き出してみる

わが家の管理不能支出のなかでやめられるもの

・スポーツジム　12,000円
　2か所のジムに入会していた！
　まず1か所は解約。忙しくてあまり行けていないので、もう1か所も解約を検討中

・化粧品　10,000円
　友人にすすめられ使うようになったが、使い切らないうちに次のが届くし、効果も「？」と感じ始めていたので、思い切ってやめ！

・ケータイ代　12,000円
　抱き合わせでいろいろなオプションに入ったままになっていたような……。携帯ショップで要確認！

クレジット払いは借金と同じ？

② 未来のお金を先に使っている!?

クレジットカードは"諸刃の剣"

便利なものには往々にして
落とし穴があります。
性質を理解して賢く使いましょう。

家計管理を混乱させる行動とお金の動きの不一致

　クレジットカードは今や私たちの暮らしに欠くことのできないものとなりました。しかし、一方で家計管理を混乱に陥れる厄介な存在でもあるのです。その主な理由は、決済（支払い）にあります。クレジットカードは、現金が手もとになくても買いものができる仕組みになっているのは周知の事実でしょう。代金は翌月や翌々月、銀行口座から引き落とされることになっています。この仕組みこそが"曲者"なのです。

　クレジットカードを使うということは、本来、その場で済ませるべき支払いを翌月、翌々月へと先送りすることになります。これは、見方を変えれば、翌月や翌々月の予算の先取りにほかなりません。つまり、クレジットカードは、未来にあるべきお金を、今使ってしまっているわけです。

　そのうえ、クレジットカードを使って買いものをした場合、「お金を使っている」という感覚がほとんどありません。それが最も恐ろしいところです。現金なら財布からお金が減っていくのが実感できます。ところがクレジットカードにはそれがなく、ついうっかり使いすぎ、気がついたら大変なことになっていた……といった悲劇があとを絶ちません。

　クレジットカードに対して厳しい管理意識をもつことは、現代人にとって不可欠といえます。くれぐれも使いすぎには注意してください。

クレジットカードの管理法

「予算の先取り」であるクレジットカードは、家計と予算を管理するうえでとても厄介な代物だ。とはいえ、まったく使わないのも難しいのが今の世のなか。そこで、2つの管理法を紹介しよう。

①封筒活用法

1. 翌月（または翌々月。手もちのクレジットカードの締め日と決済日を確認してください）分までのクレジットカード決済用の封筒を準備します。
2. カードを使ったら、レシートを引き落とし月の封筒に入れておきます。
3. 締め日に封筒のレシートの合計金額を計算します。
4. 3で算出した金額を引き落とし月の予算から差し引き、カードの引き落とし口座に入金します。

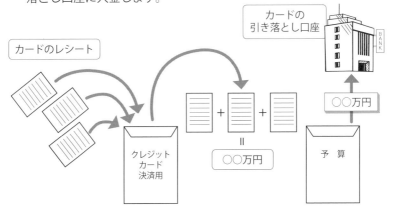

②経費立てかえ法

仕事で使った経費を社員が一時立てかえるように、家計の支払いを経費に見立て、個人のカードで立てかえる方法です。

1. カードの引き落とし先は個人の小遣い口座に。
2. カードで家計の支払いをしたら、その分の現金を引き落とし月の予算から小遣い口座か財布に。レシートは引き落とし月の封筒に。

このお金、どこから出すの？

3 3つの原則を確認する

家計管理はここからが本番!
家計管理の解説も
佳境に入ってきました。
焦らず、じっくり取り組んで!

予算を確定して家計管理を本格始動

　家計管理を実際に始めると、さまざまな問題に直面することもあるでしょう。思ったように管理が進まなかったり、うっかりルールを忘れてしまったり……。ささいなことでつまずいてしまい、途中であきらめてしまう人も少なくありません。

　そんな人たちに共通するのは、まじめに取り組みすぎることです。大切なのは次に述べる3つの原則を守り、そして続けていくことに尽きます。家計管理の目的は、ルールや仕組みを厳守することでも、毎日のお金の流れを1円単位まできっちり管理することでもないからです。

　なにごともそうですが、細かく管理すればするほどがんじがらめになり、ちょっとしたことでも致命傷になってしまうのです。

　皆さんに守っていただきたい「家計管理の3原則」とは、
1．純資産を1円でもいいから増やし続ける
2．家族が大切にしているものごとを重視した予算を立てる
3．支出が収入予算の上限を超えていない

　この3原則を守るための仕組みづくりに欠かせないのが、年次と月次、それぞれの予算・収支表を作成することです。これにより予算を確定し、家計管理を本格的に始動させるわけです。P93で作成した仮予算を参考にしながら、確定予算を編成していきましょう。

年間予算

● 年間予算・収支表　　　年

		予算	実績	差額
収入	給与①			
	給与②			
	その他			
	ボーナス			
	計			
預金＋ 管理不能支出	強制貯金			
	管理不能支出計			
	計			
支払い可能額［収入－（預金＋管理不能支出）］				
管理可能支出 （固定支出）	費			
	費			
	費			
	費			
	費			
	特別支出			
管理可能支出 （変動支出）	費			
	費			
	費			
	管理可能支出計			
支出計				
収支差				

行動と記録、一致している？

表と現金は必ず対応させる

表と現金をダブルチェック!

表と現金は
短いスパンで照らし合わせて
動きを一致させましょう。

月次の予算・収支表を活用する

「予算・収支表」は、家計管理の根幹を担うものです。ただし、この表作成だけに力を注ぎ、几帳面に、詳細に記入したからといって家計管理がうまくいくわけではありません。

予算・収支表は実際の現金の動きを表したもの。したがって、いちばん大切なことは表と現金の動きは必ず一致していなければならないという点です。パートナーに見栄を張ったりごまかしたりせず、正しい数字を記入する習慣を身につけてください。表ではお金を使ったことになっているのに、現金や預金が動いていないのは、なにかがうまくかみ合っていない証拠。逆に現金や預金だけがどんどん減っているのも、家計管理が機能していない状態といえます。

表のお金の動きと、実際の現金や預金の動きを一致させるためには、月次で予算・収支表を作成する必要があります。

これにより毎月の動きをチェックしていくことで、年単位だと大きくなってしまう誤差や思惑違いを、最小限にとどめることができます。

月次の予算・収支表は、まず、それぞれの項目に年間予算額を12で割った金額を記入し、その後は各自で設定した毎月の締め日の数字を「実績」欄に記入してください。毎月チェックするのは面倒に感じるかもしれませんが、実際は「管理可能支出」をしっかり見ていくだけで十分です。

月次予算

●月次の予算・収支表　　　月

		予算	実績	差額
収入	給与①			
	給与②			
	変動収入			
	計			
預金＋ 管理不能支出	強制貯金			
	管理不能支出計			
	計			
支払い可能額［収入−（預金＋管理不能支出）］				
管理可能支出 （5つ以内）	費			
	費			
	費			
	費			
	費			
	特別支出（月額）			
	計			
支出計				
収支差				

※赤字になる月が出ても、1年間で見たとき、予算の上限に収まっていればOK

慣れないうちは水道光熱費などを固定化してみる

厳密にいえば、電気代やガス代、水道料金、電話代などは、基本料金を管理不能支出に、使用量に応じて増減する従量料金を管理可能支出に分類します。がんばって節約すれば管理可能支出が減り、使えるお金が増えますが、いちいち管理するのは面倒なのも事実。そこで、お金の管理に慣れるまでの間、ほぼ決まった金額が出ていくこれらの支出を固定費と考え、予算化して管理の手間を省くのも1つの手です。前年の実績から平均月額を割り出し、固定化しましょう。

誰がいくつ、もっているの？

5 口座は2つで管理する

銀行口座も仕切り直しを!

分散しがちなお金の流れを
集約し、"面倒"なことを
あえて導入していきましょう。

お金の流れを一本化し複数のステップを設ける

　家計管理のためには、口座数は少ないほうが確実です。まず、銀行口座の見直しから始めましょう。これまで使っていた給与の振込口座とは別に、新しい銀行口座を2つ開設してください。1つは「家計の入金専用口座」、もう1つは「家計の支払専用口座」です。次に、家賃や住宅ローンといった管理不能支出の引き落とし口座を、新しくつくった家計の支払専用口座に変更してください。

　毎月の給与は、小遣いを差し引いた金額を振込口座からおろし、家計の入金専用口座にいったん入金します。次に、入金したお金は積立の強制貯金分を残して支払専用口座に移します。管理不能支出の引き落とし日より前までには、この作業を終わらせておきましょう。うっかり移すのを忘れると、残高不足で引き落とし不能を招いてしまうからです。

　「いちいち毎月、お金を出したり入れたり、面倒だな……」と感じるかもしれません。実はこの"面倒臭さ"が家計管理のキモなのです。振り込まれた給与をそのまま使うのではなく、入金専用口座から出し、支払専用口座に入金する、というステップを設けることによって、実際のお金の流れが把握できるようになります。加えて、これまでのように気軽に現金をおろせなくなるため、その結果、お金が貯まりやすくなるという大きなメリットもあるのです。面倒なのは最初だけ。慣れてしまえば、簡単に回るようになります。

2つの口座で家計を管理

家計は2つの口座で管理しよう。

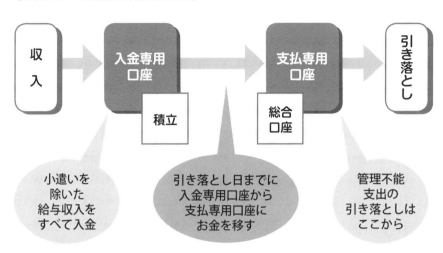

それぞれの口座の使い方

1. 入金専用口座…家計の預金、特別支出を入金。
   　　　　　　　強制貯金を天引きする口座
2. 支払専用口座…家計の支出を一本化した口座

支払専用口座は総合口座で

支払専用口座は銀行の「総合口座」を利用しよう。総合口座は、普通預金に加えて「定期預金」と定期預金額の9割まで借り入れできる「当座繰越」がセットになった口座だ。

支払専用口座を総合口座で開設したら、5万～10万円ほど定期預金を積んでおこう。万が一、光熱費などが予算をオーバーしても、残高不足による引き落とし不能を回避することができる。

きちんと予算を組み、しっかりと管理していても、支出には波があり、月単位で見ると赤字が出ることもある。総合口座の定期預金は、そんなときのクッションになってくれるわけだ。

どこにムダがひそんでいる？

6 管理不能支出を削る

本当に、必要ですか？

保険にクルマ、住まい……。
"当たり前"だと思い込んでいる
ことに、再考の余地があります。

実はもっと削れる管理不能支出

「支出をいろいろ削ってみたけれど、思ったように成果が上がらない……」そんなふうに感じているとしたら、もう一度、支出を見直してみましょう。管理可能支出を切りつめたり、P98で説明したように「小さな管理不能支出」のなかから不要不急のものを見つけ出し解約するのにも限りがあります。そこで着眼点を変えて「大きめの管理不能支出」に着目してみましょう。この場合の"大きめ"は、必ずしも金額の大小を指すわけではありません。あなたや家族の見栄やプライド、思い込みといった、心に占める割合と深く関わっているものもあるはずです。

見直し可能な大きめの管理不能支出の代表例をいくつか挙げてみましょう。まず「保険」です。「心配だから」といくつもの保険に加入している人は少なくありません。しかし、それらはすべて必要な保険なのでしょうか。

さらに大きな管理不能支出に「クルマ」があります。車両本体のローンはもちろん、駐車場代にガソリン代、車検費用、保険代などを含めると、クルマの維持費は月5万円を超えるといわれます。「週末くらいしか乗らないかも……」ということであれば、手放したり、現状より維持費のかからないクルマへの乗り換えだったりを考えてみるべきです。

そして、最大級の管理不能支出が「住まい」です。賃貸の場合、今よりも家賃の安い物件に引っ越せば、毎月の支出が数万円単位で削減できるでしょう。

実は削れる 可能性のある 管理不能支出

一見"あって当たり前"のような管理不能支出のなかにも、実は見直しできる"大物"が存在している。削減できれば小さくないキャッシュフローが生じるはず。しかし、これらの管理不能支出はまた、あなた自身や家族のライフスタイルや価値観と密接に関係しているものでもある。「なにを優先するか」を確認しながら、自分自身で、あるいは家族とよく検討したうえで結論を出そう。

1. 保険	保険は一度契約すると定期的にお金が出ていく管理不能支出の代表ともいえるものです。しかし、たとえば住宅ローンを組んでいれば団体信用保険に自動的に加入しているため、生命保険は特に必要がなくなります。また、日本には高額療養費制度があるため、高額の医療保険も検討の余地あり。同じような内容の保険にいくつも加入していることもあるので、一度洗い直すのも手です。
2. クルマ	車両本体に加えて、駐車場代や税金、車検費用など維持していくだけでも、なにかとお金がかかるのがクルマです。「実はあまり乗ってない」のであれば、思い切って手放してしまうのもいいでしょう。「クルマがないと不便」ということなら、維持費の安いクルマへの乗り換えを検討してもいいかもしれません。
3. 教育	自分についてはきっちり管理できても、子どもに関しては甘くなりがちな家庭が多いようです。塾や習い事など、いったん通い始めてしまうと見直す機会が少ないのが教育費の特徴ですが、本当に必要なものなのか、考えてみてもいいでしょう。「○○ちゃんも通っているから」といった右へならえ的な発想や見栄を疑ってみることも大切です。
4. 住まい	住宅を購入する場合、今後何十年ものあいだローンに縛られることが、あなたや家族の価値観に合っているのかどうか、よく考えてみる必要があります。 賃貸の場合、場所はもちろん、居住空間の広さや建物のグレードによって賃料は変化します。また、土地柄によっても、かかる生活費や環境、雰囲気などが変わってきます。身の丈に合った土地・建物なのか、さまざまな角度から考えてみましょう。

住宅ローンはこう考えよう

住宅ローンを組み、現在返済中の人は、まとまったお金ができたらそれを繰り上げ返済に充てるのが鉄則です。その際、子どもの教育費がかかるなど、家計に余裕がない人は、返済期間を短縮するのではなく、返済期間はそのままに、毎月の返済額を減らすのが上手な家計管理のコツです。毎月の住宅ローン（管理不能支出）の金額が減れば、使えるお金が増えるので、家計が楽になるわけです。

さっそくチャレンジ!!

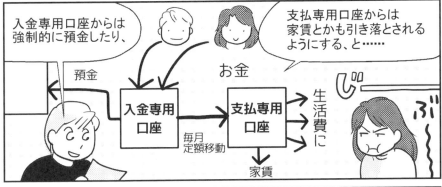

管理手順をシミュレーションする

"面倒臭さ"が大切

流れを「見える化」すること、ちょっと面倒にすることがポイントです。

財布を2つ、そして封筒を用意

　銀行口座を整えたら、次は、現金を扱う手順です。まず、家計管理を担当する人（現金を扱う人）を決めます。担当することになった人は、財布を2つ用意してください。財布の1つは家計用で、生活費など最も使用頻度が高い費目の予算を入れます。もう1つの財布は自分の小遣い用です。これは、家計用の現金と自分の小遣いを混同しないようにするためのもの。したがって、この2つの財布のあいだで直接現金をやり取りすることは原則禁止です。

　続いて実際の現金の流れに移ります。順番は以下のとおりです。

【入金】※ P114で説明した流れです
1. 給与振込口座に振り込まれた給与から小遣いを差し引き、残りを「入金専用口座」に入金する
2. 入金専用口座から、毎月引き落とされる管理不能支出と毎月の管理可能支出の合計額を「支払専用口座」に入金する

【出金】
1. 費目分の封筒を用意する
2. 支払専用口座から毎月の管理可能支出（現金）の予定額をおろす
3. おろした現金を費目ごとに封筒と家計用財布に分けて管理する

　P76ではじき出した「特別支出」は月次の予算に組み込み、入金専用口座に貯めておきます。必要になったときは、必要額を入金専用口座から支払専用口座に移したあと、おろして使います。

現金の管理方法はこれ!

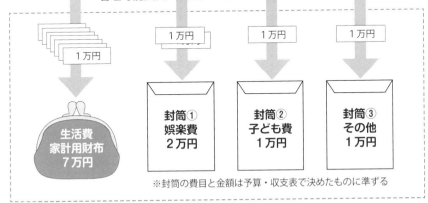

封筒管理の方法

1. お金を使ったら、もらったレシートを封筒に入れておきます。レシートをもらい忘れたときは、使った金額のメモを封筒に。
2. 上限管理が目的なので、足りなくならない限り、レシートをつき合わせたり別に家計簿などをつける必要はありません。

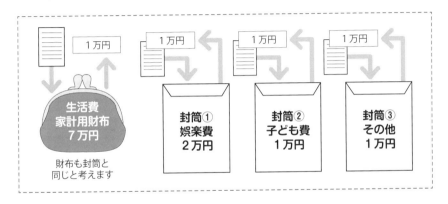

家族全員、同じ意識で

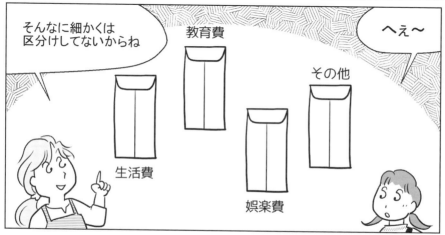

8 月初めにやること、締め日にやること

大切なのは締め日の"振り返り"!

PDCAサイクルで重要なのは
C(Check)の振り返り。
家計管理も同様です。

※PDCAサイクルについてはP135参照

毎月やるべきことを確認しておく

　それでは毎月の作業を整理してみましょう。

※「月初め」と「締め日」は給料日を基準に設定します。ダブルインカムの家庭の場合は、給与の振込日があとのほうに合わせます。

【月初めにやること】
1. 予算・収支ノートに予算を書き入れる
   ・月次の予算・収支表を作成して予算を記入します。
2. お金を振り分ける
   ・給与（収入）から小遣いを差し引いた金額を「入金専用口座」に入金します。
   ・毎月の予算金額［管理不能支出（固定費）と管理可能支出の合計］を「支払専用口座」に移します。
   ・支払専用口座から管理可能支出をおろして、家計用の財布と費目別の封筒に振り分けます。

【締め日にやること】
1. 封筒で管理していた現金の残額を確認します。
2. 余っていた場合は、決めた口座に戻します（P130参照）。
3. すべての通帳を記帳します。家計用財布と封筒の残金から管理可能支出の各費目の合計を算出します。これらの数字を予算・収支ノートの「実績」欄に記入します。
4. 財産目録ノートに記入します。

【確認すること】
1. 財産目録ノートで前月からの純資産の増減を確認します。
2. 予算・収支ノートで予算の上限をオーバーしていないか費目ごとに確認します。
3. その月のお金の使い方について家族で意見を交換します。

図表化で管理方法を「見える化」しよう!

「やることが多くて覚えきれない……」と弱気になる必要はない。良い方法を伝授しよう。それは家計管理のルールを図表化することだ。文字ばかりだと混乱しがちな手順を、すべて予算・収支ノートに図表にして書き出すのだ。管理方法がいつでもひと目で確認できるので、一度つくっておくと便利だ。

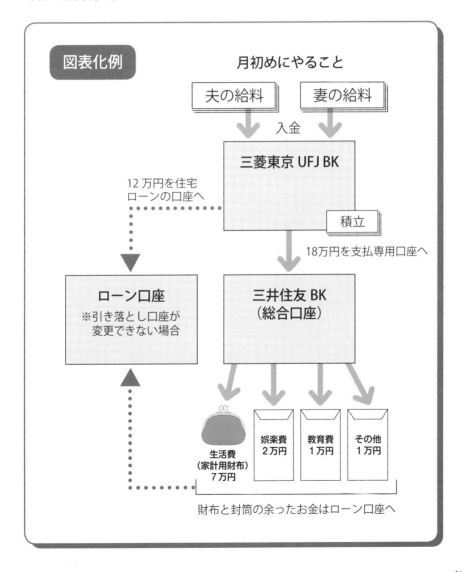

残ったお金は使っていいの？

9 余ったお金をどうするか

トライ&エラーで完成を目指そう!

一朝一夕にはできないのが家計管理の仕組み。試行錯誤を楽しみながら最適を見つけましょう。

余ったお金の使い道もあらかじめ考えておく

　家計管理は支出を毎月の予算内に収めることが目的です。1か月が経過する前に封筒や財布のお金をすべて使い切ってしまったときは黄信号。レシートをもとに、支出の内容を検討しましょう。場合によっては予算立てや費目を見直す必要があるかもしれません。

　一方、1か月が経って締め日を迎えたとき、封筒のなかにお金が残っていれば、その月の家計管理は大成功といえます。家族の努力の賜物である余剰金は、"ごほうび"として使い道や管理について皆で検討しましょう。

　ただし、余剰金の扱いには1つ注意があります。それは翌月には繰り越さないことです。余ったお金をそのまま家計用の財布や封筒に入れたままにしておくと、管理が難しくなります。現金は締め日でいったんリセットし、翌月はまたゼロから管理をスタートしましょう。

　余剰金の管理には次のような方法があります。参考にしてください。
・住宅ローンの口座へ入金し、繰り上げ返済の資金に組み入れる
・貯金箱にプールしておき、使い道を家族で検討する
・余りすぎと感じた場合は、予算を見直し、強制貯金を増額する

　余剰金はあくまで余剰金であって、それをつくるのが目的ではないので、カン違いしないようにしてください。

「お金を使えない仕組み」をつくる

別財布を用意したり、封筒で管理したりしても予算内に収めることができない"赤字体質"の人は意外に多い。そこでとっておきの方法を2つ、ご紹介する。お金を使えないような仕組みをつくってしまおう。

1. クレジットカードを封印する

　　クレジットカードは決済が翌月、翌々月になるなど、家計管理上好ましくないのはこれまでに述べたとおりです。それでもついつい使ってしまうのは、手軽で便利なこと、ポイントが付与されることなど、誘惑に満ちているからでしょう。そこで、負の連鎖を断ち切るため、思い切ってクレジットカードを封印してしまうのです。

　　私がおすすめするのは、管理可能支出に関する支払いを現金限定にすること。つまり、本来は現金で支払うべき日々の買いものについてはきちんと現金で払いましょう、ということです。毎月の支払金額が決まっている管理不能支出や自身の小遣いについてはクレジットカードを使ってもかまいません。

　　現金は、手持ちの金額を制限すれば使いすぎることがなく、また、「お金を管理している」と実感できるメリットもあります。まずはクレジットカードをもち歩かないことから始めてみましょう。

2. 封筒の現金をさらに細分化する

　　1か月分のお金をすぐに使い切ってしまう、という人は、封筒をさらに細分化してみることをおすすめします。たとえば、1か月の現金を4等分して、1週間単位での管理を試みるのです。こうすると、1日あたりで使える金額がより明確に体感できますから、使い方が変化してくるはず。これでうまくいくようになったら、再び1か月単位での管理に戻せばいいでしょう。

家計管理成功のポイント！

家計管理成功のポイントは、ズバリ「完璧を目指さないこと」。大切なことなので何度もいいますが、家計管理の目的は支出が上限を超えないこと、つまり、黒字体質の家計をつくることです。極言すれば、純資産が増え続けていれば、それでいいわけです。「継続は力なり」という言葉もあります。「自分や家族にとって価値あるお金の使い方をする」をテーマに、じっくり取り組みましょう。金額が減れば、使えるお金が増えるので、家計が楽になります。

現実と予算が合わない

10 予算は半年に一度、見直す

小マメな見直しも大切

費目によって予算をオーバーしたり、余りすぎたりするのはなぜか。大もとを確認しましょう。

使い方ではなく、予算の立て方を省みる

　"やりっぱなし"では効果が上がらないのは、家計管理も同じです。これは企業会計でも励行していることですが、家計でも半期（半年）に一度、見直しを行う必要があります。

　ここで見直すのは予算とのズレです。収支予算と実績とを照らし合わせて、数字の開きをチェックします。重箱の隅をつつくように半年間のムダ使いを洗い出すわけでも、それをもとに反省を求めるわけでもありません。あくまでも目的は「予算を見直すこと」です。

　予算の見直しは、自分や家族の価値観を見つめ直す作業といい換えることができます。先に立てた予算を絶対視して「予算内に収めるためにはどうすれば？」と改善策を探るのではありません。「予算の立て方に間違いがあったのでは？」と抜本的な見直しを図っていきます。

　予算と収支の実績が最初からピタリと一致する人は、ほとんどいません。予算と実績のズレは、すなわち、あなたや家族の価値観と実際のお金の使い方にズレがあったということ。将来のために、家族の価値観に寄り添った予算へと修正を図る必要があるわけです。

　見直すべきは「費目」なのか、それぞれの「予算額」なのか、それとも「管理の手順」なのか。これら3つの項目を軸に、見直しを進めていきましょう。

半年ごとに見直す項目

予算と実績にズレが生じる原因は以下の3つの項目のなかに潜んでいるはず。いろいろな角度から見直してみよう。

●費目
管理可能支出の費目が一家の行動に合っているのかを見直します。支出の内容と、その支出が属する費目がマッチしていないこともあります。ルールも含めて検討してみましょう。

●予算額
予算の見積もりが実態にそぐわないことは、よく起こります。仮に単月で赤字になったとしても、1年間のトータルで予算に収まっていれば合格です。しかし、ムダ使いしていないのに、何か月も予算オーバーが続くような状態なら、配分に間違いがあると考えられます。ほかの費目とのバランスを見てみましょう。

●管理の手順
原則、お金の流れなどを自分の都合のいいようにアレンジしてしまうのは、好ましくありません。とはいえ、家計管理が苦行になってしまったのでは本末転倒です。P106で説明した「家計管理の3原則」を守りながら、工夫していきましょう。

> 家計管理でも

PDCAサイクルを回そう!

PDCAサイクルは、企業が行う活動をP (Plan)・D (Do)・C (Check)・A (Action) の観点から管理する仕組み。家計管理をはじめ、さまざまなことに活用できるので覚えておこう。

① Plan：目標を設定し、行動計画に落とし込む

② Do：計画に沿って実行する

③ Check：要所要所で成果を測定し、評価する

④ Action：うまく実施できていない部分を処置・改善する

年末は家族でお金の話をしよう

11 年間予定表と実績のチェック

1年間の実績を再確認しよう!

いよいよ年間予算の達成を確認するとき。この1年をしっかりと振り返りましょう。

予算と実績をつき合わせる

　1年間、お疲れさまでした。皆さん、おそらく初めてのことばかりでいろいろな苦労があったと思います。いよいよ締めの作業に入りましょう。

　まず、毎月記入してきた月次の予算・収支表を用意してください。1年分、計12枚あるはずです。次に、1年前の年初に作成した年間予算・収支表を手もとに準備してください。1年分の月次予算・収支表の数字を集計したあと、それらを年間予算・収支表の「実績」欄に記入していきます。そして、予算と実績との差額や合計額、収支差などを計算して表を埋めましょう。

　収支差がプラス（黒字）になれば無事予算達成です。この予算・収支表は、次年度の予算編成の参考になるものですから、内容を一つひとつ、よく見ていきましょう。トータルの数字だけでなく、各項目別、費目別でも、黒字か赤字かを確認しておきます。特別支出が予算をオーバーしていたら、年初に作成した特別支出予測表の見直しも必要です。また、集計済みの月次予算・収支表は「前年同月比」を考える際の貴重な資料となります。「もう要らないから」といって破棄しないようにしてください。

　初めての年の家計管理がうまくいった皆さんは、その調子で次年度も結果を出していきましょう。うまくいかなかった人も「もうダメだ……」とガッカリすることはありません。今年度の実績を糧に、次年度での挽回を目指していきましょう。

管理手順総まとめ

現金の流れ

1. 給与（収入）を入金専用口座へ入金します。
2. 入金専用口座から支出予算額を支払専用口座に移します。
3. 管理可能支出用の現金を支払専用口座からおろして、家計用の財布と費目別の封筒に振り分けます。
4. 管理可能支出用のお金を使ったら、レシートを封筒（財布）に入れておきます。

ノートの記入

1. 年始め、年間予算・収支表に年間予算を記入します。
2. 月初、月次予算・収支表に月の予算を記入します。
3. 月末（締め日）、月次予算・収支表にその月の実績を記入します。
4. 月末、財産目録を作成し、純資産の増減を確認します。
5. 年末、年間予算・収支表に年間の実績を記入します。
6. 年末、財産目録を作成し、年間での純資産の増減を確認します。

特別支出の現金の流れ

1. P78〜P79で予測した特別支出の金額を毎月、入金専用口座に入金します。
2. 使用するときは、入金専用口座から支払専用口座に移したうえで、そこから支払います。
3. 月末、月次予算・収支表に実績を記入します。

12 来年度の予算を立てる

新年度に向けた話し合いを！

新年度予算の編成とスムーズな運営のためには、家族全員の意思統一が不可欠です。

予算編成の前に純資産の棚卸しを

　1年間の振り返りができたら、さっそく次年度の予算編成に入りましょう。ようやく締めが終わりひと息ついたところかもしれませんが、こういうことはあまり間を置かず、気持ちがホットなうちに実施したほうがいいのです。

　予算編成の方法については、基本的に初めて作成したときと同じ作業を繰り返します。2回目であり、今年度の実績を参考にできますから、初回よりはかなりスムーズにつくれることでしょう。

　予算編成に取りかかる前に、やっておかなければいけないことが2つあります。まず1つは、純資産の棚卸しです。P70で財産目録を作成しましたね。毎月と同様の作業を行い、財産目録ノートに今年度の実態を記してください。これは将来に対して危機感をもってもらう狙いもあります。大切なことなので、しつこく繰り返しますが、純資産を1円でも増やし続けることが家計管理のメインテーマです。はたして、あなたの家庭の純資産は増えていたでしょうか。

　やるべきことのもう1つは、家族会議です。1年の振り返りを踏まえたうえで、新年度に向けて、あなたと家族が向かう方向を確認し、意思の統一を図ります。そして、具体的な行動計画を立案したあと、新年度の予算編成に取りかかりましょう。新年度も3原則にもとづいて、支出を収入以下に抑え込むことが大前提です。

　ぜひ本書を読み返しながら作業を進めてください。

林流 家計管理十戒

- ! 家計管理は一生の仕事。しかも倒産は許されない
- ! 計画を立てることは、明日のために今実行すべきことを考えること
- ! 赤字体質から抜けられないのはお金の使い方を間違えているから。収入が少ないからではない
- ! 家計は生涯トータルで黒字化を達成しなければならない
- ! ローンは現金が流出するマイナスの財産
- ! 絶対に避けるべきは純資産のマイナス
- ! 預金は目的にあらず。義務である
- ! 預金はリスクへの備えとして必要不可欠
- ! 間違った節約は、家計を不健康にし、家族を不幸にする
- ! 家計にかかるお金を削減するには、ムダなお金がかからない生活に思い切ってチェンジすること

Column 3

家計管理のリスクヘッジ

日々の生活に流されず、変化を意識すること

　生涯収入から生涯支出を差し引いてみると、自分がどれくらい貯められるかの大まかな金額が表れます。収支を黒字にするのはもちろん、この金額をいかに最大化するかも家計管理の大きな目的の1つです。

　なぜ貯蓄が必要なのか。その理由は大きく2つあります。1つは、住宅の購入や子どもの教育費といった将来の特別な支出に備えるため。もう1つが、病気や事故、会社の倒産など、将来のリスクに備えるためです。

　家計の黒字化を推進する方法としては、まず、収入を増やすことが挙げられます。でも、実はこれ、いうほど簡単なことではありません。

　「手もと資金を投資で運用して利ざやを稼ぐ」などともっともらしくいうFPがいますが、そもそも投資は元手がなければムリです。高いリターンが期待できる金融商品はリスクも高くなりますから、貯蓄には向いていません。また、目先の収入アップにひかれて転職するのも考えもの。会社の規模が小さくなれば、安定面でのリスクが高まるからです。

　もう1つの方法は、支出を減らすことが挙げられます。「収入が少ないから赤字になる」というのは間違った考え方です。収入が少なければ、それに見合った生活を送ることが重要だと思います。収入の増減に比例して支出も増減させるべきなのです。

　人のライフスタイルは刻々と変化しており、それぞれにお金の使い方やリスクに対する心構えも異なります。これらを意識することなく、流れのままに生活している人が老後を迎えたとき困ったことになるのは明らかです。まずは変化を意識することが、来るべきリスクに対応する第一歩といえるでしょう。

おわりに

　若い頃には気づかなかったのに、年を重ねると、それまで漠然としていたことがハッキリと見えてくることがあります。今なら絶対にあんなことはしないのに、と思うことは数知れません。気づかなかった理由ははっきりしています。まだ失敗とつまずきを経験していなかったからです。しかし、経験したことのないことであっても、年と共に将来がおぼろげながら見えてくるのには理由があります。それはさまざまな方法で知識を身につけたからです。本から学び、映画から学び、友から学んだ知識が視野を広げてくれるからです。経験と知識を身につければ、少なくとも、大きな失敗は防げるはずです。

　家計管理はその最たるものです。自己流ではなく、先人が編み出した知識を身につけて人生に臨む意義はここにあります。

　本書で取り上げた内容は、私が専門にしている管理会計の知識を家計管理に適用したものです。会計は 14 世紀以降、会社を管理する有力なツールとして使われてきました。20 世紀に入ってからは、管理会計として大きく進化し、現在に至っています。つまり、人類の英知が凝縮されているといっても過言ではありません。

　家計といえばファイナンシャル・プランナー (FP) と相場が決まっていますし、彼らもまた管理会計とファイナンスの知識をもとに家計管理の重要性を説いています。ただし、本書が FP の書く内容と決定的に違う点は、徹底して管理会計理論に基づいていること、そして、家計簿をつける必要がないとする点です。家計簿は面倒ですし、つけること自体、意味をもちません。家計簿をつけ始めても長くて半年でやめてしまう人が多いことからもわかるでしょう。つける必要性があるのなら、どんなことがあってもつけ続けるはずです。

　私が提案する家計管理法は本書に書いたとおりです。要約すれば、将来を見据えたうえで、合理的で身の丈に合った生活のパターンをつくり上げることです。とはいえ、ひもじい思いで人生を送りましょう、というのではありません。お金は勝手に出ていくのではなく、自らの意思で使うのです。同じ 1 万円でも、使い方によって満足の度合いがまったく違ってきます。しかも、将来への備えは義務ですから、使えるお金は限られています。だから、最も価値ありと思うところに絞ってお金を使うのです。そう心がけるだけで、使えるお金が少なくても満足度は高まるはずです。使ったお金の半分がムダなら、同じ満足を得るのにお金は半分で済みます。

　本書を最後までお読みいただいた方は、今の生活をどのように変えればお金のプレッシャーから解放されるかが理解できたと思います。次は、実践する番です。効果は必ず現れます。成功の暁には、是非ご一報ください。

2015 年 11 月
林　總

林 總（はやし・あつむ）

1951年生まれ。74年中央大学商学部卒。公認会計士、明治大学専門職大学院特任教授。外資系会計事務所、監査法人勤務を経て開業。国内外でビジネスコンサル、管理会計システム導入コンサルのほか、講演、執筆、実務家向けセミナーを行っている。主な著書に『餃子屋と高級フレンチでは、どちらが儲かるか？』(PHP研究所)、『ドラッカーと会計の話をしよう』(中経出版)、『新版 わかる！管理会計』(ダイヤモンド社)、『正しい家計管理』(WAVE出版)などがある。

装幀	石川直美（カメガイ デザイン オフィス）
装画	KEIKO NAGANO/amana images
イラスト・漫画	土田菜摘
本文デザイン	POOL GRAPHICS
構成	長北健嗣
編集協力	ヴュー企画（佐藤友美）
編集	鈴木恵美（幻冬舎）

知識ゼロからの家計管理入門

2015年11月25日 第1刷発行

著　者　林　總
発行人　見城　徹
編集人　福島広司

　　　発行所　株式会社 幻冬舎
　　　　〒151-0051　東京都渋谷区千駄ヶ谷4-9-7
　　　　電話　03-5411-6211（編集）　03-5411-6222（営業）
　　　　振替　00120-8-767643
印刷・製本所　株式会社光邦

検印廃止

万一、落丁乱丁のある場合は送料小社負担でお取替致します。小社宛にお送り下さい。
本書の一部あるいは全部を無断で複写複製することは、法律で認められた場合を除き、著作権の侵害となります。
定価はカバーに表示してあります。
© ATSUMU HAYASHI, GENTOSHA 2015
ISBN978-4-344-90306-7 C2077
Printed in Japan
幻冬舎ホームページアドレス　http://www.gentosha.co.jp/
この本に関するご意見・ご感想をメールでお寄せいただく場合は、comment@gentosha.co.jpまで。